위기에 강한
경제성장의 비밀, 복지국가

위기에 강한
경제성장의 비밀, 복지국가

고영인 지음

도서출판 미!

책을 시작하며

한국처럼 짧은 기간에 고속성장을 한 나라도 드물다. 한국전쟁의 폐허 속에서 선진국의 원조를 받은 것부터 시작해 고속 압축성장을 한 결과, 이제는 선진국의 문턱에 진입하는 수준까지 발전했다. 2018년 국내총생산 규모 세계 12위이고 무역 규모(수출·수입 합계) 세계 6위이다. 그런데 이러한 화려한 성적과 달리 정작 다수의 국민은 행복하지 않다고 한다. 한국이 세계행복지수 순위 54위(2019년 UN 발표)에 불과한 데서도 단적으로 보여주고 있다. 비정규직 양산과 저출산, 청년실업, 노인빈곤 등으로 인해 국민 고통은 커졌고 자살률이 OECD 1위인 나라가 되었다.

이렇게 한국사회가 성장과 행복지수에 있어서 긍정과 부정의 극단적 불균형 상태를 보이는 이유는 무엇일까? 그동안의 경제성과를 모든 국민이 고르게 혜택을 누렸더라면 어땠을까 하는 생각을 해본다. 그리되었다면 행복지수의 결과는 많이 달라졌을 것이다. 현실에서는 성과의 열매가 한쪽으로 편중되었고 삶의 질은 양극화되었다. 소수는 편안하고 안정되어 있지만 다수는 고통스럽고 불안하다.

2014년 4월 16일 국민들을 충격에 빠뜨린 세월호 참사는 우리사회의 민낯을 고스란히 보여주었다. "수학여행 중 일어난 교통사고"라고 폄하하는 시각도 있지만 이는 명백한 국가적 참사였다. 국가의 무책임, 무방비, 비정규직 선원들의 처우에 따른 직무정신 저하 및 무책임성, 규정위반의

과적, 해경의 안이함, 안전불감증, 그 외의 이해할 수 없는 의문투성이 등 우리사회의 수많은 문제점을 보여주었다. '안전'이라는 문제를 더욱 깊게 생각하게 하는 사고였다. 안전은 실업, 장애, 질병, 노후불안, 재난, 전쟁 등의 사회적 위험으로부터 국민을 보호하는 확장된 개념으로 사고해야 한다는 경각심을 주었다.

우리사회의 과제는 명확해지고 있다. 이제는 국가의 목표가 외형적 성장만이 아니라 국민들의 불평등을 해소하고 미래의 불안을 제거하여 국민 모두의 안전과 행복 수준을 높이는 것이 되어야 한다. 다른 한편으로 세계적 저성장 시대에 복지재원 마련과 지속적 성장을 가져오기 위해서는 기업경쟁력을 강화하고 새로운 성장동력을 이끌어내야 하는 숙제도 우리 앞에 주어져 있다.

그것은 무엇을 통해 어떤 방법으로 해결할 수 있는가, 한국사회의 꼬인 실타래를 어디서부터 풀어야 할 것인가? 나는 청년시절부터 오랫동안 모든 국민이 행복할 수 있는 이상적 나라를 갈구해왔다. 그런데 현실에서 그러한 나라는 쉽게 찾을 수 없었다. 그러면서 언젠가부터 그런 사회를 발견하고 꿈꾸려 했던 것에 지쳤는지 당장 부딪치는 현실의 문제를 중심으로 살아왔던 것 같다. 그런데 어느 날 나에게 '희망찬 새로운 세계'가 나타났다.

내가 경기도의회 대표의원을 하며 초·중 무상급식을 실현시키는 과정에서 생긴 일이다. 2009년 "아이들이 눈칫밥 먹지 않도록 무상급식을 실시하자"는 김상곤 경기도 교육감의 제안은 민주당이 절대적 소수당이었던 상황으로 인해 좌절되었다. 우리는 한국사회에 그 필요성을 지속적으로 알리며 많은 시민들과 만났다. '무상급식'은 2010년 지방선거에서 전국적 이슈로 부각되었고 민주당이 전국적 대승을 거두는 데 일정 기여하게 되었다. 그것의 결과로 무상급식은 실현되었다.

이 과정에서 선거 승리 못지않게 중요한 사회적 변화가 일어났다. '무상급식'을 계기로 아동수당, 청년수당, 노인기초연금 등 시민사회와 정치권이 '보편적 복지', '복지국가'에 대한 관심과 인식이 크게 확장된 것이다. 나 또한 모두에게 구분 없이 복지혜택을 주는 '보편적 복지'에 대해 눈뜨게 되었다. "이건희 손자에게도 공짜 밥을 먹일 필요가 있는지"에 대한 논쟁은 사회적 큰 파장을 낳았다. 보편적 복지는 언뜻 보면 모순되어 보이고 이해가 안 될 수도 있지만 조금만 진지하게 들여다보면 우리사회의 불평등과 불안정성을 해결하는 강력하고 매력적인 비밀이 숨겨져 있다. 이후 경험과 학습, 연구를 통해 보편적 복지에 입각한 '복지국가'를 더 깊게 알게 되었다.

그것은 나에게 새로운 세계였다. 북유럽을 중심으로 실험된 복지국가는 추상적 이상으로만 존재하는 것이 아니라 내가 살고 있는 지구촌 한편에서 현실적으로 실현되고 있는 것이었다. '내가 꿈꾸고 우리가 함께 꿈꾸어 이루어야 할 목표'였다. 가슴이 벅찼다. 앞으로의 나의 인생과 정치 목표를 분명하게 해주는 사건이었다.

    나는 이 책에서 북유럽을 모델로 하는 '보편적 복지국가' 비전을 독자들과 공유하고자 한다. 그 핵심 내용은 다음과 같다.

    우선은 북유럽의 일상적 삶을 잘 살펴서 '복지국가'를 우리가 원하고 이루어야 할 나라로 함께 꿈꾸었으면 한다. 관념이 아닌 지구상에서 입증된 국가에서 우리나라의 실현 가능한 미래상을 그릴 수 있기를 기대한다. 그것의 열쇠는 '보편적 복지'에 대한 이해이다. '보편적 복지'에 대한 사례 중심의 설명을 통해 우리사회의 불평등, 부정의, 불공정(경제민주화) 문제의 해결은 결국은 복지국가 건설로 귀결된다는 것을 보여주고자 한다. '보편적 복지의 소득재분배 마법'이 어떻게 사회를 안정시키고 국민들을 행복으로 이끄는지를 설명했다. 이는 '복지'라는 협의의 정책이 아니라 '복지국가'라는 '국가운영시스템'으로 모든 정치, 경제, 사회, 문화정책에 반영될 때 가능하다는 것을 공유할 것이다. 기존의 선입견을 잠시 유보하고 백지상태에서 있는 그대로 이해하려는 마음을 가진다면 놀라운 발견을 하게 될 것이다.

둘째, 나에게 충격과 감격을 준 가장 중요한 발견은 북유럽 복지국가가 어떻게 일견 모순될 것 같은 '고복지'와 '고성장'이라는 두 마리의 토끼를 잡을 수 있었느냐이다. 오일쇼크, IMF, 금융위기 과정에서 미국, 일본, 중남부 유럽, 아시아가 힘없이 무너질 때, 어떻게 북유럽 국가들은 지속적 성장을 했는지를 확인하는 과정은 환희 그 자체였다. 높은 복지를 유지하면서도 높은 성장을 유지할 수 있었던 것은 독특한 기업경쟁력 강화 전략에 있었다. 보편적 복지에 의한 소득재분배로 구매력을 높이는 전략과 사회안전망을 전제로 한 '동일노동 동일임금'이 기업경쟁력 강화 전략의 핵심 요소이다. 복지는 단순히 소비나 낭비가 아니라 오히려 반복적 경제위기 시대에 지속적이고 강력한 '경제성장의 엔진' 역할을 한다는 것을 역설적으로 보여주고자 한다. 복지국가는 우리를 사회적 위험으로부터 보호하고 질병을 치료하는 '약'이면서 동시에 새롭고 강력한 '경제성장 전략'이라는 것을 확인하고자 한다.

셋째, 복지국가에 대한 선입견과 편견을 걷어내고 진정한 의미를 찾아보고자 한다. 국민들이 복지국가를 꿈꾸는 것을 가로막는 많은 오해와 편견, 왜곡이 있다. '복지국가는 과연 성장의 발목을 잡는지', '복지는 복지병과 게으른 자를 양산하는지', '한국이 따라가기에는 시기상조인지'에 대해 상세하게 비판적으로 검토해본다. 또한 '보편적 복지국가'는 우리 모두를 위한, 우리 모두에게 혜택이 돌아오는 것이라는 것을 살펴보고자 한다. 가난한 사람들만을 위한 복지, 즉 내가 낸 세금이 내가 아닌 극빈자들만을 위해 쓰이는 신자유주의 국가의 복지와 다르다는 것을 확인할 수 있다. 내가 낸 세금이 나 자신의 현재와 미래를 지켜주는 강력한 무기가 된다는 것을 발견할 때, 우리는 세금에 대한 긍정적 태도를 가질 수 있을 것이다.

위의 내용들은 1부에서 다루었다. 2부에서는 생애주기별 맞춤 복지정책은 무엇인가를 주제별로 다루었다. 우리나라의 현 실태에서 복지국가로 가기 위한 과제가 무엇인지를 함께 생각해보는 장이다.

넷째, 복지국가의 실현은 결국 정치와 분리해서 생각할 수 없고 올바른 정치를 통해 이루는 방안을 찾아보고자 한다. 정치인들과 시민사회단체, 깨어있는 국민들이 함께 꿈을 꾸고 목적의식적으로 실천할 때만이 미래의 행복이 우리에게 펼쳐질 수 있다. 정치권에서 2010년 무상급식을 계기로 '복지국가'가 유행처럼 확산되었다가 이후에 점차 사그라지고 있다. 이는 제대로 된 인식의 부재와 실천전략의 부재에서 기인한다. 복지국가는 유행을 타다 사라지는 그런 하찮은 일개 정책이 아니라 우리의 미래에 대한 소중한 행복과 성장의 동력이다. 이는 3부에서 다루었다.

위 내용이 이 책을 다 읽은 후 머릿속에 남는다면 더할 나위 없겠다. 일반 학자의 글과는 달리 딱딱하지 않고 쉬우면서도 친절하게 복지국가를 안내하는 책이 되고자 노력했다. 논리적 완성도도 중요하지만 그보다는 가슴으로 읽고 이해될 수 있기를 희망한다. 이해-공감-함께 꿈꾸기의 과정이 일어났으면 하는 바람이다.

보편적 복지국가에 대한 내 경험이 쌓이고 나의 인식이 발전했던 과정을 함께 공유하는 방식이 복지국가에 대한 이해를 더욱 쉽게 해줄 것이라 생각하여 그와 같은 방법을 택했다. 새로운 발견과 의문의 해소과정을 함께 겪는 과정에서 어느새 복지국가라는 상이 독자들의 가슴 한편에 조용히 안착될 수 있기를 기대한다.

책의 제목을 정하는 과정에서 고민을 많이 했다. '위기에 강한 경제성장의 비밀, 복지국가'라는 제목으로 최종 결정했다. 내가 북유럽 국가를 이상적 국가로 보는 이유는 단순히 이들 나라가 많은 세금을 거둬 많은 복지혜택을 주는 데에만 있지 않다. 높은 복지를 유지하면서도 높은 경제성장을 동시에 구가한다는 데에 있다. 복지국가에는 경제성장을 강력히 추동하는 비밀이 숨겨 있다. 이 책의 핵심 메시지는 "복지국가는 경제성장의 발목을 잡는 것이 아니라 오히려 강력하게 경제성장을 촉진하는 힘이 있다. 이 비밀을 밝혀 보여주겠다. 경제위기가 반복되는 세계적 저성장 시대에 복지국가 외에는 경제성장을 가져올 수 있는 방법이 없다"는 것이다. 그런 의미에서 제목을 정했다.

이 책을 완성하기까지 나의 생각에 큰 영향을 주기도 하고, 원고에 의견을 주신 이상이 복지국가소사이어티 대표님께 감사의 마음을 전한다. 또한 나의 책이 잘 완성되기를 진심으로 기원하면서 수정의견을 준 사랑하는 김순천 아내에게도 고마움을 전한다. 또한 1년여 글을 쓰는데 협력을 해주신 여종승 대표도 고마운 분이다. 그리고 흔쾌히 출판을 맡아주고 잘 다듬어 주신 밈 출판사 김지숙 사장께도 감사한 마음을 전한다.

이 책이 새로운 세상을 갈급해 하는 시민들과 청년, 세상의 변화를 꿈꾸는 정치인과 정치 지망생들에게 미래를 그리는 데 조금이나마 도움이 되었으면 한다.

2019년 3월 고영인 씀

추천사

안녕하십니까. 저는 사단법인 복지국가소사이어티 공동대표를 맡고 있는 제주대학교 의과대학 이상이 교수입니다. 고영인 위원장의 저서 『경제성장의 비밀, 복지국가』의 추천사를 쓰려고 책상 앞에 앉으니 지난 세월의 기억들이 주마등처럼 스쳐 지나갑니다. 그리고 '고영인'이라는 사람이 참 고맙다는 생각에 이르렀습니다. 고영인 위원장은 사람답게 사는 세상, 모두 행복할 수 있는 세상, 함께 만들자고 약속했던 바로 그 세상, 보편적 복지국가의 꿈을 여전히 한 치의 흐트러짐도 없이 그대로 간직하고 있기 때문입니다. 이런 경우, 우리는 그 사람을 '동지'라고 부르는 데 어떤 주저함도 없을 것입니다. 고영인 위원장은 그런 사람입니다.

저는 국민 모두가 행복할 수 있는 세상을 꿈꾸었습니다. 1980년대 대학을 다닐 때는 군사정부가 물러나고 민주주의가 실현되면 국민들이 행복할 수 있을 것이라고 여겼습니다. 의과대학을 졸업한 후 임상의사의 길을 포기하고 보건의료 분야 시민사회운동의 길에 들어섰을 때는 온 국민의 손에 병·의원을 방문할 수 있는 공적 의료보험증이 쥐어진다면 국민들이 행복할 수 있을 것이라고 생각했습니다. 그래서 동료들과 함께 최선의 노력을 다했습니다. 1998년 김대중 정부가 출범했을 때 저는 시민사회의 요청으로 집권여당의 정책전문위원 직위를 맡았습니다. 당시 국민건강보험 창설과 의약분업 실시 등 국민 행복을 위한 보건의료 분야 숙원사업들을 실천하는 데 앞장섰습니다. 그 후 저는 2000년 9월부로 제주대학교 의과대학 교수가 됐습니다.

그런데 이후 우리나라의 합계출산율은 해가 갈수록 떨어졌고 자살률은 급증했습니다. 지금 두 지표는 모두 세계 최악을 기록하고 있습니다. 크리스틴 라가르드 국제통화기금IMF 총재가 말했듯이 우리나라는 '집단자살사회'가 되고 말았습니다. 정말 부끄러운 자화상이 아닐 수 없습니다. 이 과정을 지켜보면서 저는 보건의료 등 특정 분야의 발전만으로는 국민들이 행복할 수 없다는 사실을 알게 됐습니다. 여러 분야를 공부하기 시작했고, 그 과정에서 많은 전문가들을 만났습니다. 이런 융합과 통섭의 과정에서 우리가 발견한 것이 바로 복지국가였습니다. 보편주의 원칙의 역동적 복지국가를 건설해야 온 국민이 행복할 수 있다는 사실을 알게 된 것이고, 그래서 2007년 여름 사단법인 복지국가소사이어티가 출범하게 됐던 것입니다.

우리는 보편주의 복지국가의 모범 사례로 노르딕 모델(스웨덴 모델)을 많이 참고했습니다. 읽고 토론하고, 우리의 실정에 맞는 제도와 방식을 고민했습니다. 더 중요한 것은 대중적 확산을 위한 시민운동과 정치적 실천이었습니다. 저는 이 과정에서 고영인 위원장을 만났습니다. 벌써 10년쯤 되는 것 같습니다. 그 세월 동안 복지국가의 꿈과 뜻이 어긋난 적이 한

번도 없었습니다. 죽이 잘 맞았던 것 같습니다.

고영인 위원장은 안산에서 복지국가 건설을 위한 시민운동을 시작하고, 이를 활성화함으로써 복지국가 정치운동으로 발전시키겠다는 꿈을 실천으로 옮겼습니다. 바로 〈복지국가 사단법인 모두의집〉이 그 운동의 시작이자 복지국가의 미래를 향한 지난한 실천의 과정입니다. 제가 '고영인 위원장'이라고 부르는 데는 이유가 있습니다. 사단법인 복지국가소사이어티에서 '복지정치위원장' 직함을 가지고 있기 때문입니다.

고영인 위원장의 저서 『경제성장의 비밀, 복지국가』는 어떻게 하면 우리 국민이 보편적으로 더 행복해질 수 있을지를 지난하게 고민하고 실천하는 과정에서 얻어낸 '살아 꿈틀거리는 깨달음'과 '알기 쉬운 지식들'로 가득 차 있습니다. 복지국가 건설의 열망을 시민운동과 정치운동을 통해 통섭하고 융합해서 실천하려는 시도를 이렇게 열심히 하는 실천가는 찾아보기 어려울 것입니다. 스웨덴 모델에서 얻은 복지국가 지식들이 우리의 현실에서 어떻게 적용되고 제도화돼야 하는지, 이런 내용과 정책과정들이 경험과 실천을 통해 알기 쉽게 잘 설명되고 있습니다. 깨어있는 시민들, 행복한 미래를 희망하는 보통사람들, 그리고 자녀들에게 적극적 자유를 향유할 수 있는 보다 행복한 세상을 물려주길 희망하는 모든 부모들이 고영인 위원장의 저서 『경제성장의 비밀, 복지국가』를 꼭 읽어주셨으면 하는 바람을 가지고 있습니다. 강력하게 추천합니다. 『경제성장의 비밀, 복지국가』는 바로 그분들을 위한 책이기 때문입니다. 고맙습니다.

사단법인 복지국가소사이어티 공동대표 이상이 씀

목차

책을 시작하며
추천사

1.
위기에 강한 경제성장의 비밀, '복지국가'를 만나다

01 경제위기 논란과 진정한 처방   21

02 '보편적 복지'에 눈뜨다
- 무상급식 실현의 환희   28
- 안타까운 어르신들의 기초연금 논쟁   34
- 본궤도에 오른 아동수당   39
- 보편적 복지'에 이런 심오함이?   42

03 '복지국가' 알아보기
- '보편적 복지' 없이 '복지국가' 없다   50
- '복지'와 '복지국가'는 다르다   53

04 지구상에 이런 나라가?
- 낯선 나라와의 조우   57
- 스웨덴의 일상을 엿보다   60

05 스웨덴의 힘!
- 최고의 이념, '국가는 모든 국민의 집'   68
- 최고의 발견, 고성장의 비밀   70
- 고복지와 44년간의 장기집권   76
- 세금 더 내고도 행복해하는 국민   79

06 북유럽에 대한 의문을 풀다
- 복지는 성장의 발목을 잡는가?   85
- 복지와 게으름의 상관관계   88
- 대한민국 시기상조론   91
- 보수정당도 손을 든 '복지국가'   95

07 '국민 고통'의 처방책은 복지국가로!
- 국민을 행복으로 이끄는 길   99
- 강력한 경제성장엔진, 복지국가   102
- 3불(불평등, 부정의, 불공정)해결의 길   107
- 행복으로 안내하는 사회임금   112

2.
우리가 꿈꾸어야 할 미래

01 아이 낳고 키우기 좋은 세상
- 모든 아이는 우리 모두의 아이   122
- 당당하게 자랄 아이들을 위한 제도   124
- 아이가 사라지고 있다   127
- 결혼 못 하는 사회, 아이 안 낳는 사회   129
- 아이도 키우고, 일도 하고   134

02 아파도 걱정 없는 세상
- 건강보험 하나로   144
- 공공의료의 확대와 사회 안정   148

03 타인과 공존하는 교육, 행복한 교육
- 교육과 일자리   152
- 자기를 발견하는 학교, 가고 싶은 학교   156

04 돈 버는 집과 살기 좋은 집
- 싱가포르의 주거대책   160
- 공공임대를 대폭 늘려 주거안정을   164

05 늙는 것을 여유 있게 받아들이려면
- 고령사회를 행복하게 맞이하는 법   168
- 국민·기초연금으로 노후보장을   171

06 복지를 완성시키는 평화
- 평화가 안겨다 줄 안정   177
- 지도자에 따라 달라지는 평화   183

07 일자리 확보와 성장 전략
- 일자리 확대는 공공서비스 영역부터   187
- 저항할 해고와 수용할 해고   191
- 좋은 일자리와 나쁜 일자리   195
- 자영업자의 부서진 미래   198

08 내 삶을 바꾸는 '가까운 정부'
- '가까운 정부'와 복지   202
- 지방분권과 삶의 질   206

09 장애인, 환자에서 시민으로
- 동등한 가치와 동등한 권리   210
- 장애인 일자리 모델 '삼할(SAMHALL)'   214

10 다문화가 평화롭게 공존하는 대한민국
- 코리안 드림을 갖는 자들에 대한 시선   220
- 난민의 섬에 나타난 난민의 운명   224

11 기업이 존중받는 사회
- 존경받는 기업 발렌베리 이야기   228
- 대기업이 사랑받는 법   234

3. 복지국가 실현을 위해 무엇을 해야 할까?

01 나의 세금 그 이상의 복지
- 더 많은 복지와 세금   241
- 내가 낸 그 이상의 혜택   244
- '트럼프 감세'의 자충수   248
- 증세를 위한 기본 전략   251

02 정치만이 복지국가를 가능케 한다
- 복지국가는 정치적 선택의 문제   255
- 복지국가 실현 전략   259

1. 위기에 강한 경제성장의 비밀, '복지국가'를 만나다

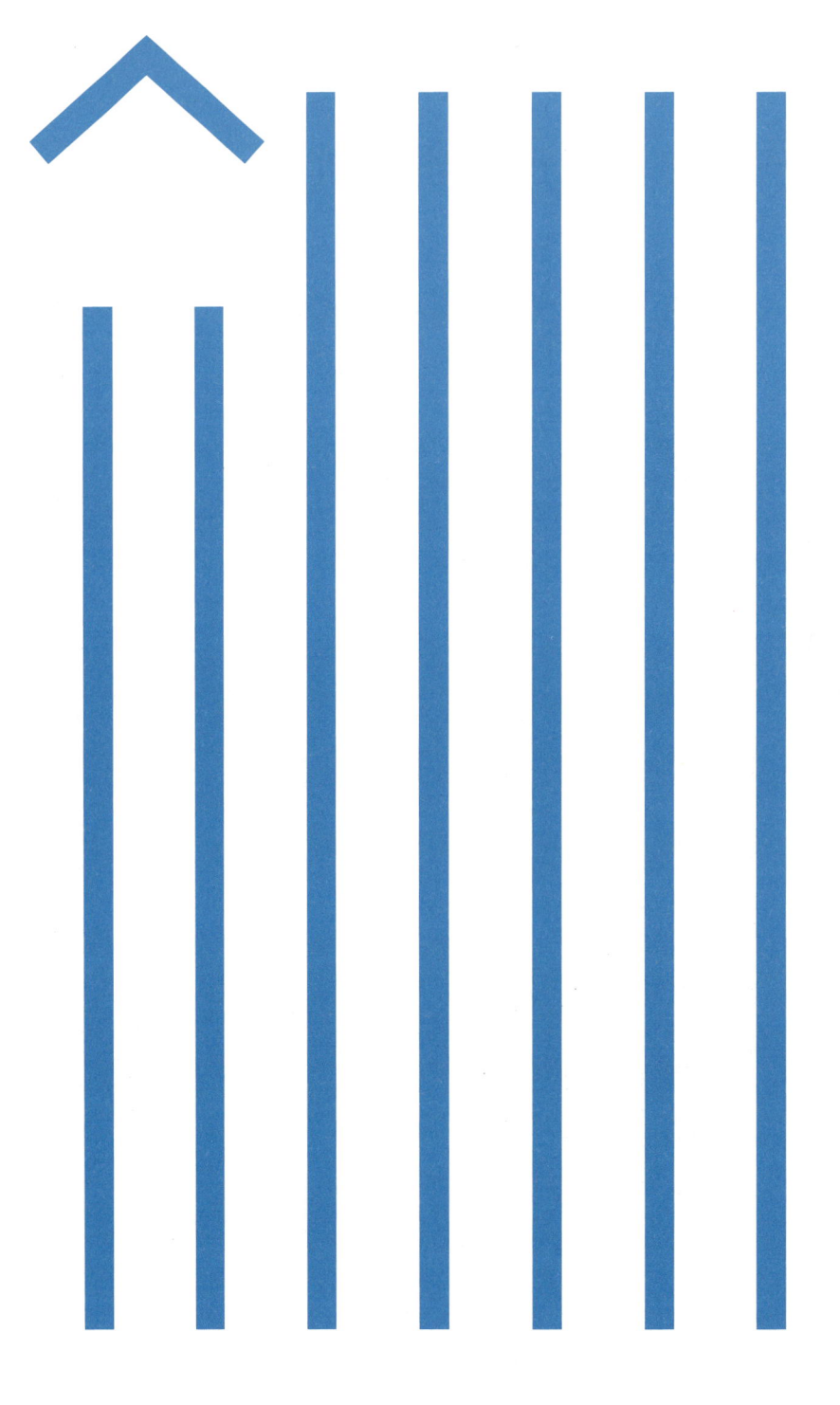

01
경제위기 논란과 진정한 처방

2019년 초 현재 대한민국은 경제위기 논쟁이 한창이다. 경기침체의 정도와 책임소재를 놓고 정치권 내부의 공방이 치열하다.

"문재인 정부가 경제정책 방향을 잘못 잡아서 나라경제가 엉망이다."

"경기위기를 너무 침소봉대하거나 왜곡하여 현 정부를 경제파탄범으로 몰아세운다."

야당은 고용증가율 감소, 실업률 증가 등 몇 가지 부정적 경기지표를 무기 삼아 여당을 향해 이때다 싶어 맹렬히 공격하고 있다. 여당은 집권 초기 경제정책 전면에 내걸었던 '소득주도성장'이 아직 가시적인 성과를 내오지 못한 상황에서 경기침체 논란이 이어지며 약간 수세적 위치에 서게 된 것도 사실이다. 그렇지만 경제성장률 2.7%, 수출 6,000억 달러 돌파 등의 지표는 어려운 세계 경제 환경

속에서 그나마 선방한 수준이라면서 억울해하기도 한다.

국민들도 경제에 민감하게 반응하고 있다. 먹고사는 문제이니 당연하다고 볼 수 있다. 여기저기 삼삼오오 모여 자신들의 삶의 처지와 어려움을 토로한다. 그러다 보면 경제정책이나 정치인들이 술자리의 안줏감으로 자주 오르내린다. 국민들은 정부의 경제정책, 대통령의 민생에 대한 태도, 경제성과 등을 주시하고 있다. 정치권도 국민들의 민심을 민감하게 살피고 있다.

문재인 정부는 2018년부터 '소득주도성장'을 주요 경제정책으로 내걸었다. '소득주도성장'은 한국경제의 고질적인 저성장-저임금-소비위축-투자위축-장기저성장의 악순환을 타개할 경제성장 전략으로 채택되었다. 개개인의 임금상승뿐만 아니라 일자리 확대, 비정규직의 정규직화, 복지를 통한 사회임금 등 가계의 전반적 소득을 높이자는 것이다. 이를 통해 소비를 활성화하여 성장과 분배의 선순환을 도모하려는 것이다. 다른 한편으로 '선성장 후분배'라는 틀로 국민들의 희생만을 강요했던 지난날의 경제프레임에 대한 문제제기 성격도 담겨있다.

그런데 소득주도성장의 성과가 제대로 발현되기도 전에 '최저임금제'에 대한 중소기업과 소상공인들의 저항과 여론기관 및 보수정치권의 공세가 강화되었다. 고용증가율 등의 경제지표와 함께 경기침체 논란이 커지면서 여론도 일정 정도 부정적으로 움직였다. 이는 경제개혁정책의 안정적 추진에 발목을 잡는 형국을 보였다.

정부는 경제위기의 진위나 원인진단을 떠나서 우선 위기관리에 들어갔다. 대통령의 적극적인 민생행보와 대기업 투자, 고용유도, 사회간접자본 투자확대라는 경기부양책을 추진하고 있다. 규제를 완화하고 예비타당성조사 면제를 통해 투자를 늘리는 방향을 설정했다. 이는 2019년 들어서서 SK의 10년간 120조 원을 투자하는 용인 반도체 클러스터 건설 발표를 이끌었고, 예비타당성조사 면제로 전국에 24조 원 규모의 SOC사업이 조기 집행되는 결과들을 가져왔다.

이러한 민생행보와 경기부양정책은 '민심 안정화'를 위한 응급처방책으로 보인다. 본격적 개혁정책을 추진할 동력을 잃지 않으려는 이러한 시도에 대해 이해도 되고 일정 필요성도 있다는 생각이다.

그런데 정부가 기업에 투자를 요청하고 사람들을 더 고용해달라고 압박하는 것은 성과가 쉽지 않다는 데 문제가 있다. 기본적으로 시장의 논리가 있기 때문이다. 기업은 이윤창출 가능성이 보여야 사람도 뽑고 투자를 하게 된다. 그래서 정부의 요구에 대기업이 응답하는 고용계획 발표는 기존에 원래 있던 계획에 약간의 플러스알파만 하는 경우가 많다. 정부의 단기경기부양책이나 예산 조기집행이 경제체질을 바꾸고 국민의 삶의 조건을 개선하는 근본적 변화를 가져오는 것 또한 쉽지 않다. 경기부양을 통해 일시적 효과는 가져올 것이다.

물론 현 정부가 경기부양책을 쓴다고 소득주도성장을 포기하거나 경제개혁을 멈추려는 것은 아닌 것으로 보인다. 당면한 우선순위가 잠시 바뀐 것이다. 나는 소득주도성장은 그 취지나 방향은 기본적으로 옳다고 본다. 단지 현 정부의 정책 수혜대상에 포괄되어야 할 중소기업이나 자영업자들이 정책에 저항하는 세력으로 형성되는 딜레마를 해결해야 한다. 보다 높은 수준으로 사회경제정책의 재정비가 요구된다. 즉 소득주도성장을 내용으로 녹여내면서도 그보다 높은 더 상위의 수준에서 다수 국민의 요구를 반영하는 포괄적인 사회경제정책이 요구된다. 정부가 주도적으로 할 수 있는 좀 더 중장기적이고 근본적인 사회경제정책을 명확히 제시하는 것이 요구된다.

이를 위해서는 국가의 기본정책 운영방향을 확고히 세우는 것에서부터 출발해야 한다고 본다. 양극화로 인한 극심한 불평등, 저출산, 실업, 노인빈곤, 자영업 과당경쟁, 대기업과 중소기업 간의 불공정성, 남녀차별 등의 문제를 해결하면서 미래의 불안감을 해소할 수 있는 처방이 담긴 것이어야 한다. 또한 세계적 저성장과 반복적 경제위기 시대에 지속가능한 성장이 보장되는 정책이어야 한다.

그 길은 무엇일까? 단도직입적으로 말한다면 '북유럽식 보편적 복지국가'이다. 우리나라가 그 길로 가는 것 외에는 다른 수가 없다고 판단한다. '보편적 복지를 기본으로 한 복지국가 건설'만이 국민의 불안을 해소하고 행복을 가져올 수 있고, 지속적 성장을 보장할 수 있는 이상국가로 안내할 수 있다고 생각한다.

이렇게 결론짓는 이유는 우리가 꿈꾸는 이상국가가 이론이나 상상 속에 있는 것이 아니라 현존하는 국가로 생생하게 보여주고 있기 때문이다. 북유럽 국가는 핀란드, 덴마크, 노르웨이, 아이슬란드, 스웨덴, 이렇게 5개 나라이다. 이들 나라는 나란히 행복 순위 1, 2, 3, 4, 7위를 차지했다(2019년). 그동안 이들 중 어떤 나라도 10위권 밖으로 나가는 경우가 없었다. 이곳 대다수의 국민들은 스스로 행복하다고 답변하고 있다. 객관적 지표에서도 5만 불이 넘는 1인당 국민소득과 세계적 경기불황 상황에서도 일정 정도의 지속적 경제성장률을 보여주고 있다. 한마디로 얘기해서 '높은 복지혜택'과 '높은 경제성장'을 동시에 누리고 있는 국가들이다. 복지와 성장의 축복을 동시에 받고 있는 것이다.

여기에는 분명한 이유가 있다. 이들 국가를 연구하면서 깨달은 최고의 명제는 "복지가 성장과 따로 놀지 않고 서로 상생한다"는 것이다. 세계적 경기불황 시기에 '복지국가시스템'이 성장을 견인하는 강력한 무기가 될 수 있다는 것을 현실에서 확인하고 과학적으로 인식했다.

이런 점에서 문재인 정부가 표방했고 최근에 특히 강조하는 "함께 잘사는 포용국가"는 매우 중요하고 주목해야 하는 정책방향이다. '포용국가'에는 복지국가의 기본철학이 들어가 있다. 그동안 양극화를 양산하고 사회분열을 야기했던 '신자유주의적 발전국가'와는 분명히 선을 긋는 방향이다. 공정과 혁신으로 사회 전체를 차별 없이 포용하면서 국민들의 역량을 한 단계 끌어올리는 '사람 중심의 정책

모델'이다. 2019년 2월 12일 정부가 발표한 사회보장 기본계획은 획기적 내용을 담고 있다. 사회보장 강화를 통해 세계 28위 수준인 삶의 질을 5년 뒤 20위, 20년 뒤엔 10위로 끌어올리겠다는 계획이다. 2023년까지 332조 원을 투입해서 고용, 소득, 건강, 사회서비스를 높여 국민들의 삶의 만족도를 대폭 높이는 계획이다.

그럼에도 불구하고 현재의 포용국가 계획은 아직 복지국가의 초기 상태를 보여주고 있고, 국가의 기본운영 방향이 경제, 사회, 정치, 교육, 노동, 모든 분야에 걸쳐 '복지국가 운영시스템'으로 전면화된 방향으로 체계화되어 있지 않았다는 제한성이 보인다. 그리고 국민적 공감과 실현가능성을 높이는 재원 마련책도 좀 더 구체적으로 세워져야 한다. 그동안 경제정책과 복지사회정책은 별개로 다루어져 왔다. 이제는 경제와 사회정책은 통합되어 복지국가시스템으로 발현돼야 한다. 경제성장 전략이 복지 강화 전략과 따로 놀아서는 제대로 된 국민의 안정과 지속가능한 성장을 보여주기 어려운 시대에 돌입했다. 정부의 새로운 비전인 포용적 국가 정책이 국민들에게 경제정책과는 다른 복지정책으로만 비춰지지 않도록 내용과 홍보에 있어서 더욱 만전을 기해야 하리라 본다.

복지국가를 실현하기 위해서는 정부뿐만 아니라 정치권과 시민사회의 더 깊은 인식 형성이 요구된다. 전 국민적 공감과 합의가 요구된다. 복지국가의 상을 명확히 세우고 그 속에서 경제와 복지사회정책을 통합하는 구체적 정책으로 나타나야 한다. 그와 함께 과감한 실천이 뒤따라야 할 것이다.

나는 이 책 전반에 걸쳐서 '보편적 복지국가'가 앞에서 제기한 여러 문제를 해결하면서 국민의 안정과 경제성장을 담보할 비전이라는 것을 제시할 것이다. 북유럽 복지국가를 얘기하면 당장 독자들 중에는 마음속에 '높은 세금'이나 '북유럽과 우리나라와의 차별성'을 떠올리며 거부감이 먼저 생기는 경우도 있을 것이다. 이 책이 그러한 선입견과 편견을 걷어내는데 객관적 판단 근거를 제공해주기를 희망한다. 독자들이 어떤 경제위기에도 우리의 먹고사는 문제가 흔들리지 않을 수 있는 길은 복지국가라는 것을 발견하기를 희망한다. 그 과정에서 복지국가에 경제성장의 비밀이 숨겨져 있다는 것을 알게 될 것이다.

복지국가가 우리사회와 정치권에 널리 알려지고 확산된 것도 10여년이 되어간다. '보편적 복지'의 내용이 민주당 강령에 기록되었던 적도 있다. 그러나 지금은 약간 시들해졌다. 복지국가는 일시적 유행의 산물이 아니다. 정치, 경제, 사회, 노동, 교육, 문화 등 모든 영역에 강력한 영향을 주는 말 그대로 '국가운영시스템'이다. 지금부터 내가 어떻게 복지국가와 관련된 다양한 의문들을 해소하며 강한 확신을 갖게 되었는지를 독자들과 함께 공유해보고자 한다. 그 여정의 출발점은 '보편적 복지'에 대한 이해다.

02
'보편적 복지'에 눈뜨다

무상급식 실현의 환희

"어머, 의원님! 내년부터는 우리 아이들 돈 안 내고 밥 먹을 수 있는 거죠? 고마와요~" 동네를 걷다 보면 30~40대 초반의 젊은 엄마들이 달려와 나에게 말을 걸었다. 사실 나는 그런 경험은 처음이었다. 평범한 가정주부들이, 그것도 젊은 엄마들이 어떤 정책에 대해 이렇게 폭발적인 반응을 보여줄 줄은 생각을 못했던 일이었다. 젊은 엄마들은 스스럼없이 이야기를 하고는 서로 얼굴을 보며 깔깔거리며 웃었다. 엄마들뿐만이 아니라 정치에 무관심하거나 냉소를 보냈던 시민들도 나를 이웃처럼 친근하고 따뜻하게 대해주기도 했다.

2010년 6월 지방선거를 치르고 9월 경기도 무상급식 실시가 발표된 이후의 풍경이다. 당시 6월 지방선거에서 나는 "제가 당선되면 초중 무상급식을 실현하게 하겠습니다"고 외치고 다녔다. 30대 후반으로 보이는 한 엄마가 "당신을 지지하면 정말 가능하냐? 정치적 구호 아니냐?"고 물었다. 나는 그 엄마에게 "무상급식을 실현시킬 수 있을 때 연락을 하겠다" 약속하고 전화번호를 받았다. 내가 약속을 지켜 전화를 했을 때 그 엄마는 연신 고맙다며 기뻐했다. 그 엄마와 동네 주민들의 호의적 반응은 이후 나의 정치적 활동의 큰 동력이 되어주었다. 정치할 맛이 났다. 정치 불신 시대에 생활정치 실현으로 시민들에게 호응을 받는 값진 경험을 했다.

2009년 김상곤 경기도 교육감은 당시 유상이었던 초중 급식을 무상급식으로 바꾸자고 제안했다. 그러나 이를 지지해줄 수 있는 민주당 경기도의원은 119명 의원 중 나를 포함하여 12명으로 소수였기에 이를 관철할 수 없었다. 우리 12명의 의원들은 비록 조례는 통과시키지 못했지만 경기도를 포함해 전국적으로 무상급식의 당위와 필요성을 알리는 일에 총력을 기울였다. 의회 로비에 농성장도 차렸다. 나는 소수당의 대변인 자격으로 KBS라디오 〈열린 토론〉과 OBS TV 방송에 나가 적극 대응했다. 거의 매일 성명서와 보도자료를 써서 발표했다.

"현재는 한 반에 서너 명씩 무료급식을 시행하고 있다. 그런데 이 과정에서 무료로 급식을 받는 아이들은 상처를 받고 있다. 학교는 대상자를 선별하기 위해 고사리 같은 아이들 손에 가정형편이 얼마나 어려운지를 입증시키는 서류를 요구한다. 그 과정에서 유·무료 대상자가 아이들 사이에 알려져 낙인효과가 발생한다. 이런 비교육적인 일을 계속 해야겠나?

'부자에게 왜 공짜 밥 먹이냐'고 따지는데 그러면 초중 의무교육은 왜 모두에게 혜택을 주나? 어려운 아이들만 혜택을 주면 되지. 부자는 세금을 공정하게 내게 하면 된다. 부자는 세금을 더 내는 만큼 사회에 기여를 하니 부자에게 공짜 밥 먹인다고 억지 부리며 무상급식을 반대할 필요가 없다. 부자까지 대상을 확장하는 것은 그만큼 부자이든 가난한 자든 모두에게 도움이 되기 때문이다.

유료와 무료를 가르는 조사를 위해서는 여러 서류를 요청하고 인력이 투입되어 상당액의 행정비용도 든다. 무상급식을 시행하면 이런 불필요한 비용을 줄일 수 있다. 우리 동네 한 중학교는 1년 동안 걷지 못한 급식비가 천여만 원이 되었다. 교장과 선생님들이 비공식적으로 그 돈을 마련하기 위해 애를 먹는다고 나에게 하소연하기도 했다. 유료급식은 교사들에게도 고통을 준다. 아이들이 기죽지 않고 밥 먹고 공부할 수 있는 환경을 만들자!" 내가 토론에서 주로 주장한 내용들이다.

이러한 우리의 노력들은 2010년 지방선거에서 '무상급식'이 전국적 이슈로 부상되고 민주당이 대승을 하는 데 기여했다고 생각한다. 또한 정치권에 복지, 복지국가에 대한 관심과 인식이 크게 확장되는 중요한 계기를 만들었다. 그해 선거에서 재선의원으로 당선이 되고 경기도의회 76명 민주당의원의 원내대표가 된 나는 2010년 9월 17일 의회에서 초중 무상급식을 통과시키는 데 주도적 역할을 했다. 감격스러운 날이었다.

경기도교육청에서 초중 무상급식을 시행한다고 했을 때, "이건희 손자에게도 공짜 밥을 먹이려 하느냐?"고 당시 여당인 한나라당은 강력히 반발했다. 김문수 경기도지사는 "공짜 밥 주는 것은 사회주의적 발상 아니냐", "보편적 복지는 포퓰리즘이다"고 운운하며 공격했었다. 일반시민들 중에도 "굳이 부자에게도 급식을 공짜로 줄 필요가 있냐"고 생각하는 사람들이 꽤 있었다. 그러나 논리를 떠나 상당수의 시민들은 아이들에게 눈칫밥 먹이지 말자는 데 동의했다. 2009년 여론조사에서 학부모의 89%, 교사들의 84%가 찬성에 손을 들어주었다. 당시에 무상급식을 둘러싼 여야 정치권의 논쟁은 그 이후 비슷한 것만 생겼다 하면 같은 논리를 되풀이하곤 한다. '포퓰리즘', '복지 망국', '사회주의적 발상' 등의 단어는 보수 정치인들이 민주진보성향 정당을 공격할 때 즐겨 쓰는 단골메뉴가 되었다.

무상급식은 아이들이 눈칫밥 먹지 않는 효과를 가져왔다. 기존에 무료로 급식을 했던 아이들은 친구들이 그 사실을 알까 봐 불안해하지 않아도 되었다. 유료로 이용해야 하지만 가정사정이 여의치 않아 선생님에게 급식비 독촉을 받던 아이들은 이제 당당하게 밥을 먹을 수 있게 되었다. 그뿐만이 아니다. 무상급식으로 인해 두 아이면 급식비 10만여 원의 돈이 절약되기에 엄마들은 이 돈으로 식료, 학

원비 등에 보탰다. 지역경제 활성화에도 도움을 준 것이다

　무상급식 실현은 우리사회의 복지정책에 대한 인식의 대전환을 가져왔다. 당시에 복지는 자립이 어려운 가난한 자들에게 적선하듯이 나눠주는 거라는 인식이 팽배했었다. 그런데 소득을 따지지 않고 모든 사람에게 평등하게 적용되는 복지, 즉 '보편적 복지'에 대한 사회인식이 생겨나기 시작했다. 물론 학문적 문제제기는 그 이전부터 있었지만 대중적 확산은 이때부터다.

　나는 '보편적 복지'라는 개념을 당시에 처음 접했다. 무상급식 싸움을 처음에는 '아이들에게 기죽지 않고 당당하게 밥 먹고 열심히 공부할 수 있는 환경을 만들어주자'는 생각에서 시작했다. 그런데 방송에서 한나라당이나 그 논리에 편승하는 사람들과 논쟁을 거듭할수록 보다 체계적이고 과학적인 논리를 필요로 했다. 무상급식 사례에서 시작했지만 이는 앞으로 여러 복지정책에서 논란이 될 소지가 있었다. '모두에게 구분 없이 보편적으로 다 적용하느냐, 아니면 최소한 꼭 필요한 사람에게만 선별적으로 적용하느냐'의 문제 말이다.

　보편적 복지와 선별적 복지의 개념과 의미, 그것의 사회적, 경제적 성격을 연구하게 되었다. 보편적 복지를 알아나가면서 나는 새로운 세계를 보았다. 이전에 경험해보지 않았고 고민도 해보지 않았던 영역이었다. 복지에 대한 극히 단순하고 좁았던 인식이 깨져나갔다. 복지라는 개념에 대한 인식이 폭발적으로 확장되는 경험을 했다. 일견 모순되어 보이는 '보편적 복지'의 오묘하고 심오한 의미에 빠져들

어 갔다.

'보편적 복지'라 함은 적용 대상을 소득이나 재산 등의 조건으로 선별하지 않고 대상이 되는 구성원 모두에게 똑같이 적용하는 것이다. 언뜻 보면 이것이 불합리하다고 생각할 수도 있겠지만, 여기에는 깊은 뜻이 담겨 있다.

첫째, 선별적 복지는 수혜 대상을 선별하기 위해 많은 행정비용이 들어간다. 불필요한 비용을 발생시키는 것이다. 급식이나 아동수당 등의 수급 대상을 구분하기 위해서는 수많은 공무원 인건비와 조사, 우편비용 등이 필요하다. 이러한 행정비용은 그 규모가 커서 선별로 대상자를 구분해서 세금을 줄이려는 본래의 의도를 무의미하게 만들 때도 있다. 보편적 복지는 이러한 비용이 필요 없게 해준다.

둘째, 복지 수혜의 대상자와 비대상자를 나누면 무료급식을 받는 아이들의 예에서 볼 수 있듯이 낙인찍기와 함께 수치심 문제가 발생한다. 가난함을 증명하거나 과장하려다 보면 자괴감도 생기게 된다. 게다가 본인이 대상자임을 입증하기 위해 수십 가지의 재산 관련 증빙서류를 제출해야 하는 불편함도 발생한다. 이 과정에서 형평성 시비가 일어나고 다양한 민원이 발생한다.

셋째, 보편적 복지는 '세금 내는 사람 따로 있고, 혜택 받는 사람 따로 있다'는 생각을 바꿔준다. 세금공급자와 세금수혜자가 일치하지 않으면 세금에 대한 부정적 인식이 커진다. 내가 낸 세금이 나 자신을 위해서는 쓰이는 것이 없고 가난한 사람을 돕기 위해서만 쓰인다고 한다면 세금 납부에 대한 자발성이 줄어들 수밖에 없다. 더 나아가서는 세금 내는 것을 회피하게 되는 경우도 생긴다. 굳이 정직하게 세금을 낼 필요가 없다고 생각한다. 나에게 별 도움이 되지 않기 때문이다. 내가 낸 세금이 나에게 혜택을 주고 더 나아가 나의 미래를 안정되게 해준다고 생각하면 세금에 대한 인식은 바뀌게 된다. '부자의 것을 가난한 사람에게'가 아니라 '우리가 낸 것은 우리 모두에게'라는 인식이 생길 때 세금의 자발성이 커지게 된다.

넷째, 보편적 복지는 소득재분배의 효과를 가져온다. 소득재분배는 세금의 누진적 납부제도에 의해서도 이루어지지만 보편적 복지를 통해서 제대로 된 효과를 만들어낼 수 있다. 이는 건강보험제도에서 쉽게 느낄 수 있다. 건강보험료는 재산과 수입에 따라 차등이 있지만 의료혜택은 국민에게 보편적으로 적용된다. 아동수당, 교육비 등 보편적 복지에 의한 여러 사회적 수당과 서비스는 수입의 양극화를 완화하고 국민 전체의 행복과 안정을 이끌어내는 데 기여한다.

안타까운 어르신들의 기초연금 논쟁

정기적으로 동네 노인정에 들러 인사를 드리는 것이 일상적 업무 중에 하나이다. 한 할머니가 노인정을 찾아간 나를 보시더니 하소연을 하신다.

"내 평생 고생해서 돌아가신 남편이랑 조그마한 집 한 채 달랑 마련해서 살고 있다. 변변한 수입도 없는데 어째서 나한테는 기초연금을 안 주느냐? 고위원장이 해결 좀 해줘라!"

옆에서 듣고 계시던 다른 할머니가 말씀하신다. "당신은 집도 있고 자식도 있잖아. 나같이 집도 없이 혼자 사는 사람들이나 받아야지 별걸 다 욕심낸다"며 쏘아붙이신다. "자식새끼 하나 있는 게 돈도 제대로 못 벌어서 자기 앞가림도 못 하는데 자식이 뭔 소용이 있느냐? 남의 일에 끼어들지 마라!"

두 분의 논쟁이 점점 심각해져서 빨리 말렸다. 기초연금이 시행된 이후 대상이 하위 70%에만 적용되다 보니 위의 논쟁은 곳곳에서 벌어질 수 있는 일이 되었다.

직업이 없다는 것을 전제로 현재 소득과 관련해서 우리나라에 노후보장 수단은 '기초생활수급자', '국민연금', '기초연금' 세 가지가 있다. 기초생활수급자는 65세 이상 중 6~7%를 차지한다. 이는 공공부조로써 절대적 빈곤자를 대상으로 하는 것이니 별도로 하자. 보통 노인의 경우에 의존할 수 있는 것은 국민연금과 기초연금이다.

현재 국민연금은 소득의 9%(본인과 사측 반반 부담)를 납입하여 65세 이후 소득의 40%를 대체하여 받을 수 있도록 설계되어 있다. 그렇다면 현실은 어떠한가? 현재 국민연금의 수급자는 노인의 40%에도 못 미친다. 평균연금으로 40만 원 조금 안 되게 수급한다고 한다. 현재 18~60세의 노동가능인구의 국민 중 연금 보험료를 납입하는 사람은 54% 정도이다. 비정규직, 영세사업자, 실업자, 주부 등 납입하지 못 하는 사각지대가 광범위하게 형성되어 있다. 그렇기 때문에 더욱이 현재의 노인들은 상당수가 이전에 연금 보험료를 낼 수 없는 상황에 있었을 것이라는 것은 쉽게 유추해볼 수 있다. 이런 실정이다 보니 노인들에게 국민연금은 대상자 비율이나 수급액에 있어서 안정적인 노후보장책이 되지 못하고 있는 실정이다.

부끄럽게도 우리나라는 노인빈곤율이나 노인자살비율이 OECD에서 최고 수준이다. 나라가 노인들의 안정된 삶을 설계하고 추진하는 것은 매우 시급하고 당연히 할 일이라 생각한다. 국민연금의 한계도 있기에 기초연금은 노인들에게 매우 중요한 생사의 문제가 되었다고 해도 과언이 아니다.

2014년 7월에 도입된 기초연금은 2018년 9월부터 25만 원이 되었고 2021년에 30만 원으로 예정되어 있다. 하위 20%에 해당되는 노인들에게는 21년 예정된 인상액을 올 2019년 4월로 당겨서 30만 원을 지급하겠다고 한다. 또한 노인연금을 40만 원까지 올리는 방안을 정부에서 검토한다고 한다. 어려운 조건에서 현 정부가 노인들의 최소한의 안정된 삶을 마련하기 위해 기초연금액을 점차 늘리는 것은 매우 고무적인 일이다. 그런데 문제는 수급대상자를 하위 70%로 하고 있다는 것이다.

70%를 가르는 선정기준액을 단독가구 기준으로 월 소득 131만 원(소득과 재산을 소득으로 환산한 금액의 합)으로 설정해놓았다. 위

의 노인들의 대화에서 보듯이 혜택을 못 받는 노인들의 불만과 논란이 곳곳에서 계속되고 있다. 재산은 조금 있어도 실질 소득이 없어서 당장 생활이 어렵기도 하고 선정기준이 납득되지 않아 노인연금을 받지 못 하는 것에 억울해하시는 분들이 많다.

나의 결론은 노인연금도 소득에 상관없이 모든 노인에게 적용되어야 한다는 것이다. 이유는 무상급식을 필요로 한 논리와 같다. 재산이나 소득의 많고 적음에 상관없이 모두에게 동일하게 적용하는 보편적 복지를 실행하자는 것이다. 그렇게 해서 적용 대상이 되느니 안 되느니 속상해할 필요도 없고 갈등도 없게 하자는 것이다. 기준과 논리를 떠나 실제로 어렵거나 억울한 분들이 한 명도 나오지 않게 하자는 것이다.

이럴 때 꼭 되풀이해서 나오는 질문이 있다. "굳이 이건희에게도 줄 필요가 있느냐?", "그러면 그 많은 재정은 어디서 다 만들 것이냐?"

보편적 복지를 주장하는 입장에서도 이건희에게 기초연금을 주는 것, 그 자체를 찬성하는 게 아니다. 그보다는 수급받을 사람, 안 받을 사람을 갈라서 시행하는 것이 너무나 많은 문제가 있다는 것이다. 차라리 구분 없이 모두에게 주는 것이 문제도 해결하고 훨씬 건설적인 좋은 점이 많다는 의미라 할 수 있다. 만약 보편적 복지가 시행되어 이건희가 기초연금을 받는다면 그것을 억울해할 필요는 없다. 부자들에게는 세금을 공정하고 정확하게 부과하면 된다. 누진적 세금을 부과하면 문제들이 깔끔하게 정리될 수 있다.

그렇게 되면 선별을 하려는 구분기준이 모호하다고, 합리적이지 않다고 억울해하는 사람이 생기지 않는다. 수급, 비수급자 구분을 위한 행정비용이 들지 않는다. 내가 낸 세금이 나 자신에게 돌아오니 세금도 더 잘 낸다. 보편적 복지를 하면 무엇보다도 '전 국민의 안정된 삶'이라는 국가적 목표에 가깝게 갈 수 있다. 미래의 불안정성에 안전장치를 부여해주고 인생과정에서의 실패를 보완해주기 때문이다. 이건희 회장에게 기초연금을 지급하는 대신 선별적 복지로 발생하는 이런 많은 문제가 해결되는 것이다.

재정 문제는 살림소비의 우선순위를 정하는 문제이기도 하다. 무엇을 중시해서 먼저 예산을 집행하느냐의 문제이다. "노인의 안정된 삶, 삶의 안전판"을 만드는 것이 '전 국민의 행복'을 추구하는 과제에서 맨 앞순위에 와야 하는 것 아닌가? 노후의 안정된 삶은 우리 모두의 문제이다. 우리 모두의 미래 불안을 해결하는 일이다. 나의 현재 일이 안정되어 있다 하더라도 언제까지 지속할지는 아무도 모르기 때문이다. 노후대책은 또한 모든 자식들의 바람이기도 하다. 항상 갖고 있는 부모에 대한 불안감을 국가적으로 해결하는 일이다.

국민들에 대한 연금복지서비스는 단순히 낭비가 아니다. 가치에 있어서도 그렇지만 경제에 있어서도 소비력을 높여 구매수요를 창출하는 중요한 의미가 있다는 것을 명심해야 한다. 모두에게 적용하려면 당연히 그만큼 재원이 더 들어 갈 터인데 증세를 비켜갈 수는 없다. 예산과 세금의 상호관계는 이 책에서 중요하게 다루어야 할 과제기기에 이후 집중적으로 설명하려 한다.

당장은 아니어도 기초연금은 모든 대상자 수급을 목표로 가야 한다. 더는 할머니 할아버지들끼리 싸우시게 하지 말자. 그리고 기초연금 액수에 있어서도 국민연금과 상호보완해서 현실적으로 어르신들의 인간다운 기본생활이 가능할 수 있는 수준으로 높여나가는 틀을 짜자.

본궤도에 오른 아동수당

2017년 말 아동수당 지급 문제가 관심을 받은 적이 있다. 여당인 더불어민주당은 6세 미만 아동들에게 부모 소득에 관계없이 모두에게 월 10만 원씩 지급하자고 했고 자유한국당은 반대했다. 나는 이것이 2010년 무상급식 논쟁의 재판이 되고 있다는 것을 직감했다. 그래서 소득의 많고 적음을 떠나 100% 모두에게 적용되어야 할 필요성을 언론 기고를 비롯해서 여기저기에 역설했다.

"왜 재벌 손자에게 아동수당을 주어야 하나?", "금수저에게 아동수당을 줄 순 없다. 예산의 낭비다!", "무상복지 하면 나라 망한다!", "보편적 복지는 포퓰리즘이다!"

많이 들어본 말 아닌가? 보수당들의 주장인데 이전부터 항상 해오던 말들이다. 이랬던 자유한국당이 2018년 하반기에 갑자기 입장을 바꿨다. 재산 정도에 상관없이 아동수당을 대상자 모두에게 지급하자고 주장한 것이다. 여기에 더해 기존의 연령 기준인 6세 미만을 12세까지 확장하고 액수도 기존의 월 10만 원에서 점차 30만 원으로 늘리자고 했다. 하루아침에 손바닥 뒤집듯 입장을 바꾼 것이다. 가히 놀랄 일이 아닐 수 없다. 어쨌든 2019년 예산에 기존 6세 미만, 하위 90% 대상자를 취학 전 아동 모두를 대상으로 10만 원 지급하는 것으로 반영되었다.

어째서 이런 일이 벌어졌을까? 그리고 어떤 관점으로 이번 사안을 지켜봐야 할까? 결론적으로 먼저 나의 견해를 밝힌다면, 이는 사회적인 큰 흐름이다. 우리사회가 그런 방향으로 가야 하기에 이유가 어찌 되었건 나는 쌍수를 들어 환영할 일이라고 생각했다.

자유한국당에서 이런 변화가 일어난 직접적 계기는 자신들의 정치적 위기를 극복해보고자 서울대 한국정치연구소에 의뢰했던 연구보고서였다. 이 보고서의 제목은 '보수정당의 위기와 재건'인데, 여기에는 '자유한국당이 지난 선거들에서 강경한 대북안보정책을 고수하고 대부분의 현안에서 합리적이고 실용적인 정책을 띄우지 못한 것이 실패의 원인이고, 여성과 복지 이슈에서 불충분하고 매력이 없다'라는 지적이 담겨 있다. 또 과거 선거에서 박근혜를 찍었다가 지난번엔 문재인으로 돌아선 이탈층이 중도이념 성향인데, 이들에게 다가서려면 '보수적 외교·안보 쟁점보다는 출산, 육아, 교육, 주택, 경제성장 등의 영역에 포용성, 사려 깊음, 진정성을 갖고 임하라'

고 조언하고 있다.

이번에 표방된 자유한국당의 복지 공세는 서울대 보고서의 이런 충고에 대한 과감한 응답인 셈이다. 그러나 이번 태도 변화의 보다 본질적인 원인은 시대의 흐름을 읽지 못하고 보편적 복지의 발목만 잡으려고 했던 지난 시절에 대한 전략적 반성이 자리를 잡고 있을 것이다. 기득권층의 이익을 옹호하면서 시혜적 입장의 잔여주의(사회복지 혜택을 받을 수 있는 대상자를 빈민이나 저소득층으로 제한해야 한다는 주장)를 고수하려는 선별적 복지 입장에서 그동안 보편적 복지에 대한 무조건적인 반대나 뒷북을 치곤 했던 그들의 과거를 정치적으로 돌아본 것이다. 더 정확히 얘기하자면, 기존의 정치 행태를 되풀이하다가는 정치적 존립이 어려워질지도 모른다는 위기감이 생겼다고 본다.

이번 아동수당에 대한 보수당의 변화와 대응을 보면서 '보편적 복지와 복지국가' 담론은 거스를 수 없는 시대 흐름이라는 것을 느꼈다. 이미 보편적 복지가 한국사회에 확고하게 뿌리를 내리기 시작하고 있는 것이다. 우리사회에 보편적 복지라는 개념이 학문적으로가 아니라 정치적으로 국민들에게 인식되기 시작한 사건은 앞에서 2010년의 경기도 무상급식 이슈였다고 얘기했다. 보편적 복지에 대한 인식이 그 이후 더욱 확산되어가고 있는 것이다.

한국보건사회연구원에 의하면, 아동수당 지급에서 소득하위 90%를 가려내기 위해 드는 행정비용이 1천626억 원 정도였고,

100% 모두에게 아동수당을 다 지급할 때 추가되는 상위 10%의 예산이 1천687억 원이라고 한다. 소득상위 10%를 배제하는 데 드는 행정비용이나 이들 모두에게 아동수당을 지급하는 비용이 같다니, 어처구니없지 않은가? 이러한 사실은 '아동수당의 보편적 복지 적용'이라는 자유한국당의 정책수정 과정에 영향을 미친 결정적 이유가 되었다고 본다.

'보편적 복지'에 이런 심오함이?

보편적 복지가 지난한 과정을 거쳐 현재 실현되고 있는 급식과 아동수당 영역, 앞으로 실현되기를 희망하는 기초연금 영역을 살펴보았다. 이 세 영역에서 왜 공히 보편적 복지가 요구되는가를 살펴보는 과정에서 그 이해가 깊어졌기를 바란다. 나 또한 이러한 경험의 과정에서 더 깊이 이해할 수 있었다.

앞에서 무상급식 과정을 이야기하면서 보편적 복지의 이점을 살펴보았다. 여기서는 거기에 더해 보편적 복지가 갖는 사회적 의미를 정리해보았다.

첫 번째는 국민의 사회적 안전망을 구축해서 빈곤을 예방한다. '보편적 복지'는 복지의 영역을 극빈자를 대상으로 하던 것에서 우리 모두를 대상으로 하는 영역으로 끌어올렸다. 그래서 국민 모두의 삶에 지대한 영향을 미치고 온 국민이 복지에 관심을 갖도록 만들었다. 이는 결론적으로 출산, 보육, 교육, 일자리, 의료, 주거, 노후보장 등 인간의 생애 전 과정을 보편적 복지와 결합하여 사회적 안전망을 구축했다는 데 큰 의미가 있다. 사회안전망을 통해 미래의 각종 사회적 위험으로부터 전체 국민을 보호하는 효과가 있다.

이전에 선별적 복지체계에서의 복지는 인생 낙오자들에게 최소한의 생존을 가능하게 해주는 그런 정도의 의미였다. 극빈자들이 죽지 않을 만큼만 세금으로 지원하는 그런 것이었다. 그러다 보니 복지혜택을 받는 사람들은 이를 가급적 숨기려 하고 복지혜택을 받지 않는 사람들은 복지대상에 자신이 들어가 있지 않은 것을 다행스러워했다. 복지혜택을 받는다는 것은 인생의 치욕이기 때문이다. 잘사는 것은 나라에 복지혜택을 바라지 않고 스스로의 힘으로 사는 것이라 여겼다. 그리하여 그동안 복지에 대한 인식이 부정적으로 형성되어 왔다. '복지는 낭비'라는 편견에 더해서 '인생 낙오자에게나 베푸는 것'이라는 인식까지 말이다. 보편적 복지는 이러한 인식을 바꾸어놓았다. 부자이든 가난하든 간에 모두에게 혜택을 주는 것이다. 사후의 지원이 아니라 빈곤을 사전에 예방하는 작용을 한다.

두 번째로 보편적 복지는 소득재분배의 효과와 경제성장을 견인한다. 한신대학교 강남훈 교수와 '보편적 복지'에 대한 세미나를 가진 적이 있다. 안산 대부도로 MT를 가서 많은 이야기를 나눴다.

강남훈 교수는 무상급식이 실시가 되면 세금 낸 사람 중에 하위

80%가 자신이 낸 세금보다 혜택이 더 많이 돌아온다는 경제적 분석 통계를 발표했다. 대부분의 중산층도 자신이 낸 세금보다 더 많이 돌아온다는 것이다. 상위 10~15%만 자신이 낸 세금보다 덜 돌아온다. 더 흥미로웠던 사실은 부자들은 수익이 생기면 비축해두거나 저축을 하지만 일반서민들은 생계형 소득이어서 생활에서 필요한 생필품을 사는 데 사용하기 때문에 경제적으로 굉장한 부양효과가 있다는 말을 했다. 그러니까 무상급식으로 아이 둘을 가진 한 가족이 한 달에 10만 원을 얻게 되면 그 돈으로 쌀, 과일, 옷 등 생활필수품을 사기 때문에 우리나라 경제를 활성화하는 데도 도움이 되는 것이다. 무상급식이 단순히 아이들에게 눈칫밥 먹이지 않고, 차별받지 않고, 당당하게 교육을 받게 해주는 것뿐만이 아니라 경제를 활성화하는 데 효과가 있다는 사실을 더욱 과학적으로 이해하게 되었다. 이런 혜택이 무상교육, 무상의료, 아동수당, 기초연금으로 확산되면 엄청난 경제적인 시너지 효과가 나타날 것이다.

보편적 복지를 받아들이는 데 있어 재원 마련이 마음에 걸린다고 많이 얘기한다. 그러나 그 해결책은 그리 어렵지 않다. 복지는 모두에게 보편적으로 적용하고, 여기에 필요한 재원을 마련하기 위해 부자는 세금을 누진적으로 공정하게 더 내면 된다. 이리되면 결국, 보편적 복지는 각자의 시장소득에서 발생하는 불평등을 사회적으로 재분배하는 효과도 만들어준다. 양극화와 소득불평등을 완화시키고 미래에 발생할지 모르는 불안한 상황으로부터 벗어날 힘을 준다.

이는 위의 예처럼 경제적으로는 수요를 유발하여 소비력을 높이므로 경기활성화에도 기여한다.

세 번째는 중산층을 포괄하여 복지의 질을 끌어올린다. 보편적 복지의 목표는 '최소한의 삶'이 아니고 '인간다운 삶'인 것이다. 즉 물놀이장에서 감시하다가 물에 빠져 죽을 만한 사람만 찾아 건져주는 것이 아니고 사전에 수영도 가르쳐주고 놀이를 안전하게 즐겁게 할 수 있도록 이끌어주는 그런 것이라 할 수 있다. 그래서 모든 국민의 삶의 과정을 분석해서 낙오됨이 없이 안정되게 살아갈 수 있도록 지원해주는 시스템을 갖추는 것이다. 가장 낮은 삶을 영위할 만큼 최소한만 지원하는 것이 아니라 인간다운 기본생활에 지장이 없는 그런 수준의 사회안전망을 강화하려는 것이 목표다. 그래야만 모든 국민이 관심을 갖고 호응하여 성공할 수 있다. 한마디로 보편적 복지는 중산층을 포괄함으로써 복지의 질을 높인다.

네 번째는 세금 기피 현상을 방지하게 된다. 우리나라는 세금 기피 현상이 심한 나라이다. 사업하는 사람 간에 세금 제대로 내는 게 오히려 미련한 사람처럼 취급되었던 적도 있을 정도이다. 이것이 우리나라 국민성이 원래 그래서일까? 도덕성이 결여된 사람들이 많아서 그럴까? 이는 그동안의 역사과정에서 나라와 정부를 믿지 못했던 것에 가장 큰 원인이 있다고 생각한다. 두 가지 면에서 믿지 못했다. 역대 정부는 일반 중산층과 서민들의 지갑을 투명지갑으로 만들어서 또박또박 정확하게 한 번도 거르지 않고 세금을 거두어들였다.

그러면서도 대형 부정부패 사건은 정부가 앞장서서 저질렀다. 전두환, 노태우 전 대통령이 그랬고 지금 보석 석방 중인 이명박, 감옥에 있는 박근혜 전 대통령만 보아도 그렇다. 재벌이나 금융이 부도날 지경이 되면 공적자금이다 뭐다 해서 수십조에 달하는 엄청난 액수의 국민세금을 지원해준다. 이러니 세금을 제대로 내고 싶겠나? "지들끼리 다 해 처먹고, 나 어려울 때 언제 나라가 제대로 지원해준 적 있나" 이런 심경일 게다.

또 한 가지 중요한 이유가 내가 낸 세금이 남을 위해 쓰이고 나에게 돌아오는 것은 없다는 박탈감이다. 이전의 선별적 복지는 내가 낸 세금이 남에게 혜택으로 돌아갔다. 어려운 사람들을 위해서만 쓰인다. 한편으로는 동정심이 들어 이해가 가지 않는 것도 아니지만 당장 나도 어려우니 왠지 억울한 생각도 든다. 그러니 정부를 못 믿게 된다. 보편적 복지는 내가 낸 세금이 나에게 혜택으로 돌아오는 것이다. 세금을 내는 사람과 복지혜택을 받는 사람이 일치하는 것이다. 보편적 복지는 어지간한 중산층까지는 내가 낸 세금보다도 더 많은 혜택으로 돌아온다. 그리되면 복지에 대한 새로운 관심이 생길 수밖에 없게 된다. 세금 내는 걸 부담스러워했던 데서 좀 더 긍정적 마음을 갖고 진지하게 생각하게 된다.

보편적 복지가 전 사회적으로 실현되는 스웨덴은 세금을 낸 사람과 혜택을 받는 사람이 80% 이상이 일치한다고 한다. 자신이 낸 세금보다 더 많은 혜택을 받는 셈이다. 15% 전후의 부유한 국민은 자신이 낸 세금보다 혜택을 덜 받는다. 그렇지만 자신의 세금이 많은 국민을 돌보는 데 보탬이 되는 것에 보람을 느낀다. 언젠가 본인도 어려워질지 모르는데 그때는 국가로부터 보호를 받을 수 있다는 믿음이 있다. 국민들은 그런 부자들을 존경하는 사회문화를 형성한다. 얼마나 바람직한가? 우리나라에서의 기업에 대한 부정적 인식과는 대조적이다. 정부와 국민 간, 부자와 일반 국민 간 신뢰가 형성되면 세금 기피 현상은 사라진다.

다섯 번째는 보편적 복지는 공동체의식의 성숙과 사회적 청렴성을 높인다. 전 국민의 삶을 국가가 보장해주기에 모든 사람들의 생활 수준이 엇비슷하다. 스웨덴이 그렇다. 그리되면 계층 간 사회적 균열이 없어지고 경계심이 줄어 공동체 연대의식이 높아진다. 자연스레 욕심을 덜 내고 청렴성도 높아진다.

보편적 복지가 최고로 발전된 복지국가에서도 모든 것이 보편적 복지인 것은 아니다. 복지유형은 크게 공공부조, 사회보험, 사회서비스(사회수당) 3가지로 나눈다. 복지국가의 운영 기본원리는 국민들이 노동을 통해 사회보험과 세금을 낸다. 이것을 재원으로 해서 각종 연금과 수당을 지급하는 것이다.

그런데 노동을 통해 보험, 세금을 제대로 납입하지 못 하는 사각지대에 놓인 사람들에 대한 지원책이 필요하다. 이들에게 지원되는 것이 공공부조이다. 우리나라는 '국민기초생활보장제도'로 운영되고 있다. 이 부분은 어쩔 수 없는 선별적 복지의 영역이다. 최극빈자를 우선 구제해줘야 하기 때문이다. 사회보험은 국민과 기업의 보험금을 재원으로 해서 국민연금, 건강보험 의료지원, 고용, 산재 등으로 실현된다. 사회서비스의 영역은 세금을 재원으로 해서 정부가 현금성으로 지원해주는 것이다. 급식, 보육료, 아동수당, 기초연금 등이 이에 해당된다.

2010년 무상급식 이후 보편적 복지에 대한 사회적 관심이 높아지자 박근혜 정부도 복지공약을 냈다. 소득에 관계없이 보육료를 지원하는 정책을 펴서 보편적 복지의 영역을 넓히기도 했다. 그러나 보편적 복지에 대한 깊은 인식이나 철학이 없이 시행하다 보니 보육 재원을 지방교육청에 떠넘기려다 사회적 갈등과 파행을 야기했다. 또한 보수여당이 보편적 복지에 대한 부정적 인식을 갖고 있는 상태에서 정부만 임시정책으로 시행함으로써 지속성을 갖지 못했다. 이후 다른 복지정책에서는 여전히 보편적 복지의 발목을 잡는 관행이 되풀이되는 한계를 보였다.

보편적 복지가 시행될 수 있는 주요 영역으로 급식, 보육, 아동수당, 교육, 의료, 요양, 기초연금 등을 들 수 있다. 그동안 지난한 여야 간의 정치적 논쟁과 국민의 의식변화 과정을 거치면서 이제 급식, 보육, 아동수당, 의료의 영역이 보편적 복지를 실현하는 제도로 정착돼가고 있다. 가히 역사적인 진전이다. 대한민국의 복지국가 발전과정에서 보편적 복지의 기본 틀이 형성돼 가고 있는 것이다. 세계 최고의 행복지수를 자랑하는 북유럽 복지국가에 근접하려면 의료혜택 범위의 확대와 요양, 그리고 대학등록금 등 교육 및 노후소득보장인 기초연금 분야에서도 보편적 복지가 실현돼야 한다.

03
'복지국가' 알아보기

'보편적 복지' 없이 '복지국가' 없다

무상급식과 기초연금 등의 문제를 접하고 해결하는 과정에서 '보편적 복지'에 대한 개념이 내 머릿속에 자리 잡기 시작했다. 이는 자연스럽게 복지국가에 대한 관심으로 옮겨갔다. 보편적 복지와 복지국가와는 어떤 연관이 있는 것일까? 어떤 상호연관이 있기에 두 단어는 실과 바늘같이 항상 같이 따라 다니는가?

국가의 가장 기본적 역할은 다수 국민들의 행복을 보장하는 것이라 할 수 있다. 국민행복의 가장 핵심요소는 여러 의견이 있겠지만 나는 '사회적 안전망의 구축'이라 생각한다. 이런 '사회적 안전망'의 대표적인 나라들이 북유럽 국가들이다. 이들 나라의 여러 사회정책을 주의 깊게 살펴보면 거기에는 공통점이 있다. 바로 사회복지정책을 특정집단만을 대상으로 펼치는 것이 아니라 모든 국민을 상대로 보편적으로 시행한다는 사실이다. 여기에 복지국가의 비밀이 있다. 사회적 안전망을 구축하는 기본열쇠가 바로 '보편적 복지'였던 것이다.

복지국가는 무엇인가? '복지국가'를 그냥 상식적으로 생각해본다면 '복지정책을 모든 정책의 중심에 두거나 복지예산을 많이 쓰는 국가' 정도가 아닐까 싶다. 이 말은 어느 정도 맞을 수도 있지만 제대로 된 정의는 아니다. 왜 그런지 살펴보자. 복지국가의 정의는 다양하게 있다. 많은 사람들이 공유하는 공통분모를 정리하면 이렇다. 19세기 말 자본주의는 한편으로는 사회의 물질적 부를 쌓아두면서 또 다른 한편으로는 극심한 양극화를 가져왔다. 가난한 사람은 더 가난해져 그 굴레를 벗어나기 힘들게 되었다. 노동자와 빈민들은 그러한 현실에 저항하면서 혁명적 상황을 만들어내기도 했다. 제2차 세계대전을 치르면서 시장불균형을 해소하고 국민들의 최소한의 생활 안정을 기하고자 국가가 적극 나서는 나라들이 생겨났다.

북유럽 국가들이 그렇다. 이들 나라는 조세정책을 통한 복지 강화, 완전고용 추구, 기본생활 지원, 질병, 실업, 노인에 대한 사회보장, 국민연금 등의 제도를 통해 사회안전망을 추진해나갔다. 이들 나라가 소득재분배로 사회의 불평등을 완화하고 사회를 안정화시키기 위해 쓴 기본정책이 '보편적 복지'다. 보육, 교육, 의료, 실업, 노후연금 등에 있어서 특정 소수를 위한 것이 아닌 모두를 위한 복지정책을 강력하게 시행한 것이다.

내가 그동안의 경험과 학습, 연구를 통해 내린 복지국가의 정의는 다음과 같다.

"사회적 위험(실업, 장애, 질병, 노후, 재난, 전쟁)으로부터 모든 국민을 가족처럼 적극적으로 보호하고, 모든 국민에게 인간다운 삶의 수준을 보장해주기 위해 복지를 중심으로 국가운영시스템을 적극적으로 펼치는 나라."

국민을 적자생존의 시장에 내맡기는 것이 아니라 국가가 보호자로 나서는 나라이다. 사회적 위험에서 혼자의 힘으로 헤쳐나가라고 내던져지는 것이 아니라 국가의 품으로 끌어들이는 것이다. 그런데 어떻게 정의되든 간에 진정한 의미의 복지국가는 국민의 안정적인 삶을 위하여 국가가 책임 있게 개입한다는 사실이다. 그렇기 때문에 복지는 기본 구색만 맞추고 실제에 있어서는 양극화를 조장하거나 기득권을 옹호하는 나라는 복지국가라 볼 수 없다. 국가가 국민 모두의 안정을 실질적으로 추구하는지 여부가 중요하다. 그것의 기준을 '보편적 복지'를 실현하느냐, 하지 않느냐로 판단한다면 틀림이 없을 것이다.

북유럽의 복지국가들의 공통적 특징은 보편적 복지로 사회안전망을 구축한다는 것, 고복지와 고성장이 함께 간다는 것, 인력자본에 큰 투자를 한다는 것 등이다. 이러한 특징들을 관통하고 있는 기본원리가 '보편적 복지'라는 것을 명심하자.

'복지'와 '복지국가'는 다르다

'복지'는 우리에게 익숙한 용어이지만 '보편적 복지'와 마찬가지로 '복지국가'도 낯설고 새로운 용어로 느껴지는 사람이 많을 줄 안다. 나도 무상급식 실현 이후에나 관심을 갖고 그 뜻과 의미를 파고 들어갔다. 복지와 복지국가는 연관이 있으면서도 내용에 있어서 본질적 차이를 갖는다. 기존의 복지 개념은 대부분 사람들에게 '어려운 사람들에게 베푸는 것' 정도로 이해되어왔다. 평범하게 사는 사람들하고는 상관없는 사회에서 낙오되거나 소외된 자들에 대한 시혜적 성격으로 받아들여졌다.

그런데 복지국가의 개념은 복지 개념과는 근본적 차이를 갖는다고 할 수 있다. 복지국가는 복지예산의 양적 확대에 의해 이루어지는 것이 아니다. 다시 말하면 복지가 쌓이면 일정 시간 후에 자동으로 복지국가가 되는 게 아니란 얘기다. 마찬가지로 경제성장이 자동적으로 복지국가로 발전하지도 않는다. 즉 성장의 결과물로 복지예산을 조금씩 늘리면 저절로 복지국가가 찾아오는 것이 아니라는 것이다. 결론적으로 복지국가는 한 나라의 경제적 부나 복지예산의 규모에 의해서 만들어지는 것이 아니다. 복지국가는 일정한 목표를 갖고 목적의식적으로 실천할 때 가능하다. 복지국가시스템을 갖추기 위한 실천을 하는 정치인과 그것을 자신의 삶으로 받아들이고자 하는 깨어있는 국민에게만 '행복한 나라'라는 하늘의 선물이 주어진다.

복지국가는 역사성을 갖는 특수한 국가운영체제를 일컫는 말이다. 국가의 나아갈 방향을 결정하고 운명을 결정짓는 국가의 운영시스템이다. 복지국가는 추상적 이념으로만 존재하지 않는다. 북유럽 국가들에 의해 실험되고 성공적 안정을 이룬 지구상에 현실로 존재하는 제도이다. 실업, 질병, 노후불안, 장애, 재난, 전쟁 등의 사회적 위험으로부터 국민을 보호해주는 것이 복지국가이다. 따라서 복지정책이나 예산의 양도 중요하지만 실질적으로 국민 모두의 안정된 삶을 보장하느냐, 안 하느냐가 복지국가 여부를 판명할 수 있는 기준이 될 것이다. 국가가 나서서 삶의 전 과정을 정치, 경제, 사회 전 영역에 걸쳐서 촘촘히 설계해야 가능하다. 낙오자 없이 모든 국민이 행복할 수 있도록 일개 복지정책 몇 가지를 시행하는 것으로서가 아닌 총체적 제도와 시스템을 갖추는 일이다. 국가가 목적의식적으로 디자인하는 국가운영시스템이 복지국가인 것이다.

그래서 다시 한 번 강조하지만 복지국가는 단순히 복지정책이 아니라 국가운영시스템이다. 복지국가는 큰 정부를 지향한다. 정부의 경제, 사회정책에 대한 국가의 적극적 역할을 수행한다. 쓸데없이 비효율적인 비대한 정부를 의미하는 게 아니라 국가의 역할과 목표와 책임을 더 크고 깊게 갖는 것이다. 미국을 비롯해 세계경제에 영향력을 행사한 신자유주의[2]적인 시스템은 인간이 살아가는 데 필요로 하는 모든 조건을 개인의 책임으로 돌린다. 개인이 시장이라는 정글에서 살아남으라는 것이다. 살아남아 잘 살면 좋고 안 되면 어쩔 수 없다는 것이다. 적응 못 하는 것은 자신의 능력이 그 정도밖에 안 되는 것이니까 운명으로 받아들이라는 것이다. 그러나 시장의 법칙은 모든 것을 가진 기득권층에게 대부분의 혜택이 돌아가고 아무런 물적 기반이 없는 사람들은 완전히 추락하게 된다. 이 '추락'의 불안을 근본적으로 없애는 게 '복지국가시스템'이다.

이전의 복지정책들은 단순히 복지의 양을 점차 늘리는 수준이었다. 지금까지 어려운 사람들에게 100원을 주었다면 앞으로는 200원을 주자, 이런 정도의 의미밖에 되지 않는다. 내가 말하고자 하는 복지국가는 근본적인 시스템을 바꾸는 것이다. 세금체계부터 분배체계까지 국가의 기능을 고도화해야 한다. 핵심적인 내용은 인간이 태어나고(출산), 자라고(보육), 가르치고(교육), 직장을 구하고(취업), 직업을 잃고(실직), 새로운 배우자를 만나고(결혼), 몸을 관리하고(건강), 나이 들었을 때 생활을 보장하는(노후) 인생의 전 과정에서 발생할 수 있는 어려움과 위험을 예방하고 안전장치를 마련하는 일이다. 잘사는 계층이든, 중산층이든, 일반서민이든 인간으로서 살아갈 수 있는 기본적인 생활을 보장해주는 것이다.

우리사회는 사업을 하다가 망하면 빚을 떠안고 완전히 파산선고를 해야 한다. 재기가 쉽지 않다. 하지만 복지국가시스템에서는 자영업이나 회사를 운영하다 망해도 인생 이모작이 가능하도록 지원해준다. 우선 다른 사업을 시작하거나 다른 직종에 취업할 때까지 상당기간 동안 적절한 액수의 실업수당을 준다. 재교육을 무료로 시켜주고 아프면 치료도 해준다. 일반 회사에서 일을 하다가 실직을 당하면 위기나 절망이 아니라 또다시 생활을 새롭게 시작할 수 있는 충전의 기회로 삼는다. 이와 같이 삶의 안전한 장치를 국가가 마련해주기 때문에 재기가 가능하다. 누구든 지독하게 욕심을 내서 착취하고 사기 치고, 남을 속이고 살지 않아도 되는 것이다. 돈이 없어 대출금 받아 대학가고 그것 갚느라고 힘들게 아르바이트하고 졸업 이후까지 고통받는 대학생들에게 마음껏 공부할 수 있도록 국가가 모든 조건을 지원해준다. 한 명의 대학생은 우리 모두의 청년이기 때문이다. 일상의 문제가 대부분 해결되기 때문에 내가 낸 세금이 나 자신의 미래의 불안을 안정화하는 투자로 받아들인다. 내가 낸 세금이 언젠가는 나에게 돌아오고 지금도 돌아오고 있기 때문에 절대 아깝지 않은 것이다.

'복지'와 '복지국가'를 혼동하지 말자. 복지는 좋은 것이기는 하지만 우리의 삶을 안정되게 근본적으로 바꾸어놓지 않는다. 미래의 불안을 없애지 않는다. '복지' 그 자체보다는 '복지국가'를 만들어나가야 한다.

04
지구상에 이런 나라가?

낯선 나라와의 조우

바이킹, 아바, 노벨상, 이케아, H&M, 볼보…. 스웨덴 하면 떠오를 수 있는 단어들이다. 어떤 것이 익숙한가? 중학생이었던 내게 지구 반대편의 먼 나라로만 느껴지던 스웨덴이 친밀감 있게 다가오게 된 것은 두 부부로 이루어진 아바ABBA그룹 때문이었다. 팝송을 아주 좋아하는 것은 아니었지만 아바의 워터루Waterloo, 댄싱퀸Dancing Queen 등 몇 가지 곡은 자주 흥얼거리고 다녔던 기억이 난다. 지금은 1년에 한 번씩 전달되는 노벨상 수상자들 소식을 신문에서 접하는 것과 우리나라에 진출한 이케아를 보는 정도가 스웨덴을 마주하는 것이다.

그런데 언제부턴가 스웨덴이 세계적 관심국가로 떠오르기 시작했다. 그렇게 된 이유는 위에 나열한 그 어떤 것도 아닌 스웨덴이 '복지국가의 대명사'로 주목받으면서다. 학자와 사회활동가들에게서부터 회자되더니 이제는 일반 대중들에게도 꽤 알려져 있다. 나는 2009년부터 복지국가에 대한 관심을 갖고 관련 책을 찾아보면서 복지국가로서의 스웨덴을 알아나갔다. 『복지국가 스웨덴』(신필균 저, 후마니타스), 『스웨덴 패러독스』(유모토겐지 외, 김영사), 『역동적 복지국가의 논리와 전략』(이상이 편저, 밈) 등의 책을 읽어나가면서 스웨덴을 좀 더 깊게 이해하기 시작했다. 이를 계기로 복지국가에 대한 관심과 꾸준한 연구가 시작되었다.

    20세기 초반만 해도 인구 500여만 명밖에 되지 않았던(지금은 950여만 명) 북유럽 동토의 가난한 땅 스웨덴이 어떻게 세계가 부러워하는 국가가 되었을까? 이 사실은 나에게 스웨덴에 대한 호기심을 갖게 하기에 충분했다. 이때부터 스웨덴 복지국가를 다루는 책은 어지간한 것은 다 읽었다. 그 과정은 기쁨과 감격으로 가득 찼다. 그 이전까지는 가끔 '복지국가'라는 단어를 들어는 보았지만 아주 피상적으로만 알았고 내 방식대로 이해하고 넘어갔었다. 스웨덴의 진면목을 대하면서 새로운 세계를 보았다. "우리나라가 이루어야 할 이상적인 나라는 어떤 것이어야 할까?", "우리나라의 수많은 문제를 해결하고 국민을 행복하게 만들 수 있는 길은 무엇일까?"를 고민하던 나에게 스웨덴은 사막에서 오아시스를 만나는 기분 이상이었다. 비로소 우리사회의 나아갈 방향을 세울 수 있겠다는 자신감이 생겼다.

사람들은 스웨덴 등 북유럽 복지국가에 대해 편견이 심하다. "그런 부자나라하고 우리가 같아? 우리나라하고는 비교할 게 못 되지", "세금 많이 내고 그 정도 복지혜택 많이 주는 걸 어느 나라인들 못 하겠어? 우리는 세금 많이 낼 형편이 안 되잖아", "그 나라들이 옛날에는 잘 나갔지만 이후에 복지병 후유증이 크다고 그러던데", "복지로 그렇게 돈 퍼주는데 경제성장이 제대로 되겠어?" 등등이다. 주위 사람들하고 복지국가 얘기를 하면서 수없이 들어본 말들이다. 스웨덴에 대해 너무 모르고 있는 경우가 대부분이다. 문제는 자신의 선입견으로 차단을 한 채 스웨덴이나 복지국가에 대해서 제대로 알려고 하지 않는 경우가 많더라는 것이다. 너무나 안타까웠다.

나는 복지국가 사단법인 '모두의집' 연구소를 차려서 6여년 동안 복지국가 강연과 세미나를 열어 회원 및 시민들과 다양하게 이야기를 나누어왔다. 지금은 나의 생각에 공감해주고 뜻을 함께하는 분들이 많아졌다. 이 책을 읽는 독자들께 부탁드리고 싶은 게 있다. 이 책을 읽는 동안은 가급적 이전의 선입견을 잠시 접어두고 또한 우리나라와 금방 비교하려 하지 말고 있는 그대로 상상력을 발휘하며 보아주기 바란다. 스웨덴의 우리나라 적용 여부는 일단 백지에 그림을 그리듯 머리를 비우고 최대한 공유한 이후에 판단해도 늦지 않다. 왜냐하면 스웨덴이 살 만한 나라인가, 우리의 미래로 동경할 만한가를 있는 그대로 먼저 진단해야 우리가 꿈꿀 수 있다. 그래야 다음 단계로 우리의 현실에 맞게 벤치마킹을 할 수 있다고 본다.

스웨덴의 일상을 엿보다

스웨덴 국민들의 일상적 삶의 모습은 어떨까? 1등 복지국가 국민들의 모습이 궁금했다. 그동안 다양한 책과 자료를 통해 호기심을 갖고 탐구를 해보았다. 이를 스케치를 해보려 한다. 상상의 나래를 펴보자. 2007년 전후의 모습들이다. 당시의 공식적이고 객관적인 통계에 입각해서 그들의 일상적 모습을 재구성해보았다.

스웨덴 예테보리[3]에 사는 아그네사는 33살의 여성이다. 아그네사에게는 리사라는 3살짜리 딸아이가 있고 이번에 둘째 아이로 아들을 낳아 집에서 육아를 하고 있다. 생후 1개월이다. 아이는 아빠를 닮아서 이목구비가 시원하게 생겼다. 몸도 튼튼하게 태어나줘서 고마울 뿐이다. 그런데 한 가지 아쉬움이 있다. 이 녀석이 한 번 울면 장난이 아니다. 울음소리가 어찌나 크던지 엄마, 아빠를 힘들게 하는 게 유일한 흠이다. 어쩌다 피곤해서 잠시 낮잠을 청했다가도 아이의 울음소리는 엄마를 깜짝 놀라 정신없게 만든다.

아그네사는 백화점 마케팅부에서 일하고 있다. 나름대로 회사에서 인정받는 A급 사원이다. 다음 진급을 위해서는 다음 달부터 추진되는 프로젝트에 참여하는 게 유리한데 출산으로 중단되어 너무 속상하다. 특히 남성 동료들에게 이번 두 번째 출산으로 불리하게 한발 뒤지게 된 것 같아 속상하다. 그렇지만 다시 복직해 조금 더 뛰어서

만회하면 된다고 자신을 달래본다. 생활하는 데 별 어려움은 없다. 유급 육아휴직이라 자신이 직장에서 받던 급료의 77.6%를 받기 때문이다. 남편도 벌고 있고 생활비 걱정은 없다. 그녀에게 가장 큰 관심사는 회사생활을 안정되게 지속하는 것이다. 큰애 리사를 낳고 돌보다가 복직할 때가 생각난다. 당시 복직 전에 신경이 많이 쓰였다. "회사에서 편안하게 복직할 수 있는 분위기를 만들어줄까? 눈치 보지 않게 해주겠지?" 스웨덴이 복직을 방해하거나 그에 준하는 행위를 하면 법에 의해 제재를 받는 조건을 만들어놨기에 그런 일은 없을 것이다. 그래도 왠지 오랜만에 가니까 회사가 낯설기도 하고 약간의 불안한 마음이 있었다. 그런데 반갑게 맞아주는 상사와 동료들을 보면서 그런 기우를 왜 했나 싶어졌다. 이제는 그런 걱정은 하지 않기로 했다.

이번 육아휴직 기간은 1년을 목표로 하고 있다. 1년 4개월의 유급 휴직기간을 나라에서 보장해주고 있는데 나머지 4개월은 남편이 돌봐주기로 했다. 부모 합산 480일의 육아휴직기간 중 4개월을 남편이 쓰는 것이다. 2개월이 남편이 사용해야 할 의무기간이다. 이른바 '아버지 쿼터'이다. 그 기간을 사용하지 않으면 그만큼 휴직기간은 없어진다. 아그네사가 대신 사용할 수 없다는 얘기다. 나라에서는 부부가 똑같이 240일씩 사용하면 13,500크로나(당시 한국 돈으로 약 200여만 원)의 특별보너스도 준다. 남편의 사용을 독려하기 위해서다. 아그네사는 정부가 이 정도로 여성들이 직장생활을 하는 데 있어서 남성과 차별받지 않도록 신경 써주는 것에 고맙게 생각하고 있다. 지금 아버지 쿼터 기간을 더 늘리자고 정치권과 시민단체에서 논의하고 있는데 이에도 찬성한다. 현재의 육아휴직제도도 그 어느 나라보다도 앞선 것이다. 하지만 남녀가 동등하게 대우받고 공정하게 경쟁하려면 지금보다도 여성의 권리가 더 신장되어야 한다고 생각한다. 남편에게 "당신, 육아휴직 240일 마저 채워서 우리 특별보너스 받으면 어때?"하고 물었더니 "안 돼 회사에 일이 많아. 내가 지난번 리사 때는 2개월만 사용했는데 그나마 이번에는 4개월로 늘렸잖아"하고 손사래 친다.

남편은 이번에 7일간의 출산휴가를 받아서 둘째 애를 낳는 내 곁을 지켜주었다. 10일간의 출산유급휴가(본인 급료의 77.6%)가 보장되어 있는데 그중에 일주일을 사용한 것이다. 남편은 이후에 4개월의 육아휴직을 더 받을 예정이다. 내가 출산으로 누워 있는 동안 큰 아이 리사를 챙겨서 9시에 보육소에 보내고 5시면 데려오느라 고생이 많다. 리사는 기초지방정부인 코뮌[4]에서 운영하는 보육소에 다닌다. 집에서 5분 거리에 있다. 보육료는 15% 정도만 내면 나머지는 코뮌에서 지원해준다. 리사가 태어났을 때도 남편은 2개월 육아휴직을 내서 아이를 돌보았다. 집에서 빨래 청소를 다하고 보육소에 데려다주고 데려오곤 했다. 틈틈이 리사를 유모차에 태워서 공원을 산책하고 돌아오는 것도 중요한 일과 중 하나였다. 아그네사가 어렸을 적인 80~90년대만 해도 아빠들이 아이를 업거나 유모차에 태우고

장을 보거나 산책하는 광경은 흔치 않았었다. 그러나 요즈음은 전혀 낯설지 않은 일상의 모습이 되었다.

리사가 두 살 때 기관지천식으로 크게 앓은 적이 있다. 이때는 아그네사가 휴직할 상황이 되지 않았다. 남편이 기꺼이 아이 간호휴가를 자청했다. 다행스러운 것은 간호휴가가 법적으로 1년에 120일이나 보장되어 있다. 급료도 자기 급료의 80%를 보장해주었다. 당시 2개월가량 휴가를 사용하여 리사를 정성스럽게 돌보아주었던 남편이 고맙고 대견스럽다. 덕분에 아그네사는 당시 회사의 주요한 업무를 무사히 수행할 수 있었다.

남편은 자동차 부품회사에 다니고 있다. 성실하게 출근하고 스스로도 자기 일에 만족해하는 편이다. 휴직기간에는 아그네사와 마찬가지로 자기 급료의 78%가량이 나온다. 이 정도 액수면 생활에 불편하지 않을 정도로 충분한 돈이다. 더욱이 리사에 대한 아동수당이 매월 1,050크로나(2009년 당시 약 18만 원)씩 나오고 있다. 둘째를 낳으니까 둘째 몫 1,050크로나에 150크로나의 보너스가 더해져서 나오고 있다. 출산장려책으로 누진적으로 수당을 더해주는 것이다. 아이들이 16살이 될 때까지 아동수당은 계속 지급된다. 이후 18세까지는 같은 액수의 학생수당이 지급된다. 차이가 있다면 아동수당은 부모의 통장으로 입금되지만 학생수당은 학생에게 바로 입금된다는 것이다. 아이는 부모의 보육대상이지만 학생은 스스로 독립해 생활해야 할 주체로 인정해주는 것이다. 또한 그런 훈련도 요구되기 때문이다. 학생수당이 온전히 학생 스스로를 위해 쓰이게 하려는 배려였다. 학비와 교재비는 초중 의무교육은 물론이고 고등학교, 대학교까지도 무료이다. 아이들 교육비 걱정은 할 필요가 없다.

휴가수당이 만만치 않은 액수여서 회사에서 직접 지급해준다면 자신들도 부담이 많이 되었을 것이고 마음도 불편했을 것이다. 그런데 사회보험인 육아휴직보험[5]에서 지급해주어 다행스럽고 마음이 편하다. 아마도 회사에서 휴직수당을 직접 지급하는 상황이 되었다면 아그네사와 같이 출산가능성이 높은 여성들을 기피하는 고용차별 현상이 더 생겼을지도 모른다는 생각을 하게 된다.

오후에는 조카를 보고 싶다고 남편의 동생인 아이들 삼촌이 집에 왔다. 리사도 귀여워해 주었지만 둘째 아들을 보고서는 꽤 좋아한다. 장가갈 때가 되었는데 아직 가지 않고 있다. 31살이고 전자회사인 일렉트로룩스Electrolux에 다녔었는데 최근에 그만두었다. 회사가 전자업계의 세계적 흐름에 적응하려 산업구조조정 과정에 들어가는 바람에 자진해서 퇴사했다. 삼촌은 고등학교 졸업하고 곧바로 취직했다. 특별한 전문직을 생각하고 있지 않아서 굳이 대학 갈 필요가 없다고 생각했다. 어차피 대학등록금은 무료이기 때문에 돈이 없어서 대학을 안 간 것은 아니다. 대학 갈 이유를 찾지 못했을 뿐이다. 오히려 일찍 일을 시작하면 돈도 더 벌고 연금 불입기간이 길어져 노후에 연금액이 더 커진다는 점도 생각했던 것 같다. 그런데 이번에 퇴직하면서는 고민이 생겼다. 이참에 아예 첨단산업으로 전직을 하거나 아니면 변호사가 되는 것을 시도해볼까 고민하고 있기 때문이다. 어느 것을 준비하던 경제적 어려움은 별로 없을 것 같다. 우선 14개월 동안 자기가 받던 급료의 80%를 실업수당으로 받는다. 18세 이하의 자녀가 있으면 150일 연장도 해준다고 한다. 삼촌에게는 아직 해당사항이 없지만 말이다.

    수당을 받는 전제조건은 공공직업안정소에 등록을 하고 구직활동과 직업훈련을 받아야 한다. 그것이 지켜지지 않으면 실업수당이 감액되거나 중단된다. 국가운영방침으로 세운 '근로를 통한 자립'의 원칙을 지키려 하기 때문이다.[6] 새로운 시대에 걸맞게 로봇산업 쪽을 검토해보고 있다. 지금까지 해오던 경력을 연속적으로 살릴 수 있을 것 같아서다. 좀 더 고민해본 후에 변호사 준비를 할지도 모른다고 말한다. 억울한 일을 당한 사람을 위해 열과 성의를 다해 변론하는 변호사들을 방송이나 주위에서 접하면서 멋있고 의미 있는 삶이라고 생각하게 되었단다. 대학등록금은 무료이니 걱정하지 않아도 되고 일부 생활비 지원과 저리 생활융자금이 나오니까 그 정도면 새로운 인생을 꿈꿔볼 수도 있을 것 같다. 아그네사는 삼촌이 진로를 잘 선택에서 행복해지기를 기원했다.

    혼자 사시는 시아버님은 몸이 편찮으셔서 남편과 함께 직접 아기를 데리고 찾아뵈었다. 아그네사 집에서 10분 거리에 사신다. 시어머니는 2년 전에 간암으로 돌아가셨다. 아버님은 72세시다. 철강직 회사원으로 살아오신 분이다. 퇴직 이후에도 공항 근무 일자리를 얻으셔서 일을 하셨다. 아직은 노인으로서는 젊으신 편이라 작년까지만 해도 건강하셨다. 그런데 작년 말부터 갑자기 위가 안 좋으시고 허리도 아프셔서 고생을 하고 계신다. 요양원에 들어가는 문제를 남편과 조심스럽게 의논해보았는데 남편도 망설이고 아버님도 원하지 않으시는 눈치였다. 요즈음은 노인들이 전반적으로 집을 떠나 요양원에 가시는 것을 원치 않는다. 그래서 노인 중 요양원을 이용하는 비율도 적은 편이다. 아그네사 입장에서는 단지 아버님이 아픈 상태에서 혼자 사시는 게 힘드실까 봐 의논해본 것이다. 그렇지만 방문보호사제도가 잘 되어 있으니 거기에 의존해보기로 했다. 부담되지 않는 약간의 최소 비용만 지급하면 된다. 방문보호사가 일주일에 3번 다녀가시게 하고 있다. 아버님은 연금으로 생활하신다. 한 달 연금이 월 11,000크로나(2009년 환율 184만 원)이시니 생활에 별 지장이 없으시다. 스웨덴 전체 노인 연금평균액이 10,199크로나(2009년 환율 170만 원)라고 하니 평균은 약간 넘기신 액수다. 평상시 납입하신 소득연금 보험료에 의해서 받으시는 소득연금 수급액이다.

 아버님 친구분들 중에는 본인의 소득연금 보험을 납입한 기간이 얼마 되지 않아 수급액이 절대적으로 적으신 경우들이 있다. 그런데 이런 경우에는 정부에서 세금으로 마련된 기초연금으로 최저연금을 보장해준다. 최저보장금은 독신 노인인 경우 7,526크로나(126만 원)이다. 부부 및 동거세대는 각각 1인당 6,713크로나(112만 원)이다. 본인의 보험성 연금 수급액이 최저보장 기초연금에 못 미치면 그 차

액만큼 나라에서 보장해준다. 액수의 많고 적음을 떠나 나라로부터 기초연금으로 보조받는 경우가 전체 노인인구의 약 43% 정도 된다고 한다. 나머지 53%는 자신이 불입한 연금보험으로 최저보장연금을 상회하는 연금을 지급받고 있다. 어쨌든 젊어서 사정에 의해 연금보험료를 적게 냈거나 아니면 아예 못 내었어도 정부가 기본 생활임금을 기초연금으로 보장해주고 있는 것이다. 아버지의 경제적 안정으로 며느리 아그네사의 부담은 없다. 아그네사는 아버님이 사시는 동안 건강하시라고 항상 기도하고 있다.

아그네사는 꿈이 있다. 상무가 되어 자기가 다니는 회사를 스웨덴 최고의 백화점 대열에 올려놓는 것이다. 그러려면 부단히 자기개발 등의 노력과 함께 열심히 회사생활을 해야 한다. 그런데 이러한 꿈을 꿀 수 있게 된 것은 옆에서 응원해주고 지원해주는 남편과 아이 둘을 키우면서도 일을 지속적으로 할 수 있도록 나라에서 안정적 제도로 뒷받침해준 덕분이라 생각한다. 친구들에 의하면 독일 등 다른 서유럽 국가들에서도 일과 가정을 다 지키는 게 쉽지 않다고 한다. 아그네사는 가족들이 각자의 위치에서 건강하게 자기 일을 잘 해나가길 바란다. 본인도 가족의 행복과 자신의 꿈을 위해 더 열심히 살아야겠다고 다짐해본다.

05
스웨덴의 힘!

내가 생각하는 '스웨덴을 세계 최고의 복지국가로 만든 원동력'은 다음과 같다.

최고의 이념, "국가는 모든 국민의 집"

"국가는 모든 국민에게 좋은 집이 되어야 한다. 어떤 사람이 다른 사람을 경시하거나 그 희생으로 이득을 얻는 자가 없어야 하며 강자가 약자를 억압하고 약탈의 대상으로 삼지 않는 좋은 집이 되어야 한다." 스웨덴 복지국가의 기틀을 만든 한센 총리가 1928년에 한 말이다.

"국가는 모든 국민에게 좋은 집이 되어야 한다." 이 말을 듣는 순간 가슴이 뜨거워졌다. 내 정치인생의 최고의 문구가 될 것을 예감했다.

'모든 국민'이라는 것은 국민 중 단 한 사람이라도 소외된 사람이 없어야 된다는 의미이다. '좋은 집이 되어야 한다'는 것은 국가의 책임을 말한다. 국가는 집을 잘 돌봐 어느 누구도 빠짐없이 인간다운 생활을 할 수 있도록 돌봐야 할 책임이 있다. 돈이 있고 힘이 있는 사람이 힘이 없는 사람들을 가족의 개념으로 받아들이자는 뜻도 내포되어 있다. 가족의 개념을 국가로까지 확장하는 것이다. 부모들은 자식 중 누가 더 똑똑하다고 그 아이만 더 예뻐하고 그에게만 먹을 것을 더 주지 않는다. 어떤 자식이 장애가 있다고 그를 내팽개치지 않는다. 부족하면 부족한 대로 남으면 남는 대로 서로 나누고 격려하고 보살피는 게 가족이다. 그렇다. 가족은 어느 누구도 낙오되지 않게 서로 돕고 일으켜 세워준다. 국가가 그 역할을 해주면 사회가 어떻게 되겠는가를 상상해보자. 그것이 가능하냐고? 바로 스웨덴이 그렇게 하고 있다. 세계인들 앞에서 당당하게 실천하고 있다.

스웨덴 복지국가 건설의 기본이념으로 사용된 '국민의 집'은 나의 정치인생에도 큰 영향을 미치는 문구가 되었다. 나는 복지국가에 관심을 갖고 좀 더 체계적으로 연구해보려고 2013년 안산에 연구소를 차렸다. 복지국가와 지방복지정책 등을 연구하기 위한 것이었다. 이름은 '모두의집'이다. 뭔가 느껴지지 않는가? 눈치 빠른 독자들은 이미 알아차렸을 것이다. '국가는 국민 모두의 집'에서 따왔다. '국가는 국민 모두의집', '안산은 안산시민 모두의집' 이런 의미로 모든 공동체에 적용될 수 있는 '모두의집'으로 명명했다.

스웨덴이 세계적으로 유명한 복지국가라고 해서 그 나라의 부분적 정책만 보아서는 안 된다. 정책과 정책 사이에 흐르는 기본정신을 볼 수 있어야 스웨덴을 제대로 보고 배울 수 있을 것이다. "'국민의 집' 이념은 무엇보다 분배의 형평성이 실현되는 경제정책과 노동시장정책, 평등과 연대 및 사회통합에 기초한 사회복지정책, 정책을 결정하고 집행하는 과정에서의 민주주의를 강조했다. '국민의 집'은 빈곤층과 노동계급만을 위한 복지정책이 아니라 전 국민을 아우르는 포괄적이며 보편주의적인 복지제도를 마련해 스웨덴 특유의 복지국가 모델을 이루었다."[7]

스웨덴은 한손 총리의 주창에서 끝나지 않고 이어지는 에르란데르, 팔메 총리에 계승 발전되어 스웨덴 국가정책의 기본이념으로 확고하게 자리 잡았다.

최고의 발견, 고성장의 비밀

국민들의 복지 수준은 최고이면서, 높은 경제성장을 동시에 이루는 나라. 이것이 우리가 꿈꾸는 이상적인 나라가 아닐까? 높은 복지 수준을 유지하려면 그만큼 국가 재정이 소요되니까 성장의 발목을 잡을까 봐 우려하는 사람이 많다. 반대로 성장을 중심에 놓으려면 복지는 어느 정도 희생될 수밖에 없는 것 아니냐고 생각하는 사람도 여전히 있다. 복지국가를 접하고 공부하고 있던 나에게도 이 문제는 숙제였다. "과연 복지를 강화하면서도 지속적으로 고성장이 가능할까?", "복지국가가 좋은 것은 분명한데 혹시 강력한 복지정책이 경제성장에 기여하지 못 하는 결과가 나온다면 보수층으로부터 엄청난 공격에 시달릴 것이고 우리의 설득력도 약해질 텐데" 이런 걱정도 생겼다.

더욱 중요한 것은 "북유럽에서 고복지가 고성장과 같이 간다면 어떤 이유로 가능한가"에 대한 답을 얻고 싶었다. 나 스스로 확신할 수 있어야만 복지국가를 온전히 제대로 받아들일 수 있을 것 같았다. 이 비밀을 밝혀낼 수 있을 때 나의 확신을 넘어 우리나라의 나아갈 방향을 설정할 수 있을 것 같았다.

고복지와 고성장이 함께 유지되는 것을 실증해주는 나라들이 있다. 북유럽을 대표하는 스웨덴, 핀란드, 노르웨이, 덴마크 등의 나라는 분배가 균등함에도 경제가 열악하지 않다. 열악하지 않을 뿐 아니라 오히려 세계에서 가장 훌륭하다. 지극히 열악한 자연환경 속에서 얻은 성과라 더욱 값지다. 이들 나라는 대부분 인류의 생존에 적합하지 않은 지역에 위치하고 있어 경제가 가장 좋지 않는 게 상식일 수 있다. 하지만 적절한 제도를 실시함으로써 오히려 세계에서 가장 살기 좋은 지역이 되었다.

2014년 북유럽 5개국의 1인당 GDP는 모두 5만 달러를 넘어섰고, 심지어 노르웨이는 10만 달러를 육박했다. 세계경제포럼의

2006~2007년 국가경쟁력 순위를 보면, 핀란드와 스웨덴, 덴마크가 각각 2위, 3위, 4위를 차지했고, 노르웨이는 12위를 차지했다. 핀란드는 3년 연속 1위를 차지한 적도 있다. 또 이들 국가는 인구수에 비해 다국적 기업 숫자가 가장 많은 지역이기도 하다. 스웨덴은 자동차 회사 볼보Volvo와 사브Saab, 통신회사 에릭슨Ericsson, 가전회사 일렉트로룩스Electrolux, 전력 및 자동차 전문기업 ABB, 카메라제조회사 핫셀블라드Hasselblad, 가구회사 이케아IKEA, 의류회사 H&M 등 국제적으로 유명한 브랜드를 만들어냈다. 인구 비례로 계산하면 스웨덴은 세계에서 다국적 기업을 가장 많이 보유한 나라다.[8]

 그렇다. 이들 복지국가에서, 특히 스웨덴에서 그 이유를 찾았다. 스웨덴은 복지국가 이념이 뚜렷하고 제도도 체계적인 부분이 많아서 벤치마킹하기가 좋아서였다. 원리로도 이해하고 받아들일 수 있었고 현실에서 입증되는 것을 확인했다. 고복지, 고성장이라는 두 마리 토끼를 동시에 잡는 것이 가능하다. 오히려 선택의 문제가 아니라 고복지를 유지하는 전략만이 고성장을 담보할 수 있는 시대로 들어서고 있다. 시대가 변하고 있다. '높은 복지'가 '높은 성장'과 동시에 이루어질 수 있다는 것을 스웨덴을 통해 확인하는 순간은 '환희' 그 자체였다. 당시에는 복지에 예산을 투입하는 것은 낭비이고 성장을 가로막는 것이라는 편견이 사회적으로 광범위하게 퍼져 있었다. 그런데 전 세계적으로 경제위기를 맞이하고 저성장의 기조가 대부분이던 시절에 스웨덴은 특별한 과정을 밟아 왔다. 국민에게 높은 복지를 제공하면서도 고성장을 유지하는 이상적 모델을 보여주었던 것이다. 물론 높은 세금도 있지만 이는 국민들이 '고복지'와 '고성장'을 위해 기꺼이 감내하고 있다. 본인이 낸 세금보다도 혜택이 더 크다는 확신을 갖고 있기에 세금은 그리 큰 문제가 되지 않았다.

복지와 성장이 동시에 가능하게 한 비밀은 스웨덴 국가의 고도의 산업정책과 노동정책에 의한 기업경쟁력 강화 전략, 그리고 보편적 복지에 의한 수요창출 전략 이 두 가지에 있었다.

첫 번째, 기업경쟁력 강화 전략을 살펴보자. 스웨덴은 경쟁력이 높은 산업은 적극 지원하고 경쟁력이 떨어지는 기업은 도태시키는 국가산업정책을 채택했다. 기업의 국제경쟁력을 강화하기 위해 과감한 산업구조 전환 정책을 펼친 것이다. 국제경쟁력을 잃은 사양산업과 과잉설비를 갖춘 산업을 정부가 보호하지 않고 시장원리에 맡겨 과감하게 정리, 도태시키고 다른 한편에서는 전도유망한 새로운 산업을 개발·육성해 산업구조를 전환하고 고도화했다. 스웨덴이 사회보장 면에서는 국가의 역할을 강화하는 '큰 정부'이지만 고수준의 복지와 사회보장을 유지하기 위해서 산업구조 전환을 끊임없이 시도하는 산업정책 면에서는 시장원리를 중시하는 '작은 정부'라고도 말할 수 있다.

이와 같은 스웨덴의 산업정책의 중심에 '동일노동 동일임금'이라는 중요한 작동논리가 관통하고 있다. 회사가 달라도 같은 직무와 직능을 가진 노동자는 같은 수준의 임금을 받는 제도가 확립되어 있다.

직업·업종별 40여 개의 노동조합과 스웨덴 기업연맹 간에 약 3년 간격으로 단체임금협약을 체결한다. 협약에 회사의 실적은 관계없다. 높은 수익을 올리는 기업은 급여 수준을 실적에 따라 인상할 필요가 없으므로 이익금을 새로운 투자로 돌린다. 수익을 제대로 올리지 못하던 기업은 '동일노동 동일임금'의 조건에서 살아남기 위해 경쟁력을 높이기 위한 피나는 노력을 한다. 그래도 상황을 극복하지 못하면 어쩔 수 없이 임금지불이 어려워져 결국 도산하거나 폐업하고 만다. 생산성이 낮은 기업이 도태되면 남은 노동력은 생산성이 높은 신성장산업으로 이동한다. 이러한 정책이 가능한 것은 국가가 강력한 사회복지정책으로 국민들의 생활 안정을 보장해주는 것이 뒷받침되었기 때문이다. 기존 임금에 버금가는 실업수당과 대학교육이나 직업교육을 무상으로 제공하고 재취업이 가능하도록 실질적 조치를 취해주는 정책이 있었다. 복지국가로서 탄탄한 사회적 안전망이 전제되었기에 가능했다.

 동일노동 동일임금은 우선은 공정한 소득분배를 가져온다. 인간의 권리적 측면에서도 차별에 의한 불평등성을 해소해준다. 또한 동일노동 동일임금은 기업이 강력한 국제경쟁력을 갖도록 산업재편을 가능케 한다. 과거에는 노동자의 강한 반발과 선거에서 득표를 의식한 정부가 이미 경쟁력을 잃은 사양산업을 유지하느라 막대한 보조금을 쏟아붓는 바람에 경제의 비효율성을 가져오는 어려움에 처했다. 이러한 고통스러운 경험을 거울삼아 뒤처진 쇠퇴산업은 구제하지 않는다는 원칙을 고수하게 되었다. 기업경쟁력의 잣대가 어찌 보면 동일노동에 대해 동일임금을 지불할 능력이 있는지 여부가 된 것이다.

사회적 안전망이 제대로 갖춰지지 않은 한국의 쌍용자동차 노동자에게 해고는 절망이었고 급기야 죽음으로 이어졌다. 해고는 미래를 없애고 가족을 붕괴시키기 때문이다. 그러나 스웨덴에서는 경쟁력을 잃은 기업에 대해 노사가 합의하여 폐업하는 일이 다반사로 이루어진다. 해고노동자들에게 신성장산업으로의 안정적 직업전환이 보장되기 때문이다. 실업수당과 체계적인 재교육과 재배치가 이루어지기에 망해가는 기업에 무리하게 매달릴 필요가 없다. "정부가 자신들의 문제를 책임져줄 것이다"라는 신뢰가 있어 가능하다. '해고가 끝이 아니라 새로운 출발이 될 수도 있는 나라'라는 것은 우리에게는 상상할 수도 없었기에 신선한 충격이었다. 그러나 사회안전망이 전제되지 않으면 '노동자의 재앙'으로 이어진다는 점도 분명히 해두자.

두 번째는 '복지국가시스템 성장 전략'의 채택이다. 성장친화적 복지국가, 지속가능한 복지국가 체제를 정립하는 것이다. 이는 대규모 사회적 일자리 창출 전략과 사회임금[9] 상승을 통한 수요창출 전략에 의해 가능했다. 국민들에게 정부가 나서서 보육, 의료, 요양 등의 공공 사회적 일자리를 대규모로 창출한다. 스웨덴은 공공일자리가 전체 일자리의 31%인 데 비해 한국은 13%에 불과하다. 공공일자리의 대폭 확대로 경제성장률이 높아지고 적절한 임금에 의한 소비는 경제에 기여한다.

다른 한편으로 복지국가는 세금 재원을 바탕으로 수당, 연금 등의 보편적 복지혜택을 대폭 확대한다. 이는 생활의 안정을 가져온다는 점과 함께 경제적인 면에서는 수요를 확대시킨다. 한 나라의 경제 발전이 효율에 의해 결정된다면, 효율을 결정하는 요소는 또 어떤 것들일까? 결정적인 요소는 수요다. 수요가 없이는 '생산-소비'의 순환을 형성할 수 없을 것이고 경제 전체의 효율도 높아질 수 없다. 복지국가들이 세계적인 경쟁 속에서도 승리할 수 있었던 관건은 바로 국내 수요를 최대한으로 끌어올린 것이었다.[10] 일자리와 사회임금의 상승은 미래에 대한 불안감을 제거하고 소비력을 높이게 되어 내수경제를 활성화시킨다.

스웨덴은 고성장과 고복지의 두 마리 토끼를 모두 잡은 나라로 세계인들에게 깊은 인상을 남겨주었다. 이것을 '스웨덴 패러독스', 즉 '스웨덴 역설'이라고도 한다. 기존의 '복지는 소비'라는 고정관념을 바꿨다. 복지국가정책은 소비가 아닌 투자이고, 낭비가 아닌 성장을 가져온다는 것을 증명해보였다.

고복지와 44년간 장기집권

지구상의 민주주의 국가에서 한 정당이 내리 44년간을 집권했다는 얘기를 들어본 적이 있는가? 군사독재정권이나 공산국가를 제외하고 자유로운 민주적 선거에서는 들어본 적이 없는 것 같다. 스웨덴 사민당이 44년간 연속 집권을 했다는 사실을 알았을 때, 놀랍기도 했지만 매우 흥미롭기도 했다. "우리나라는 민주정부가 들어선 후 겨우 10년 만에 도로 보수정당에 내주었는데 스웨덴은 어떻게 44년씩이나 장기집권을 할 수 있었을까?", "장기집권으로 갈 만큼 국민들이 지지해준 핵심 이유가 무엇일까?"

스웨덴은 100여년 전 국가재정이 열악한 상황에서도 복지국가를 주창한 사회민주당이 정권을 잡았다. 국민들은 폭발적인 지지를 보냈다. 이것은 이후에도 지속적인 애정과 지지로 이어져 사민당이 1932년부터 76년까지 44년을 연속 집권하는 기적을 만들어냈다. 3~4년에 한 번씩 민주적 선거가 이루어지는 상황에서 말이다. 페르 알빈 한손(Per Albin Hansson, 1932~46), 타게 에르란데르(Tage Erlander, 1946~69), 올로프 팔메(Olof Palme, 1969~76, 1982~86) 총리로 이어지는 기간이었다.

이런 일이 어떻게 가능했을까? 결국은 복지국가였다. 국민들을 열광시키고 절대적 지지를 오랫동안 끌고 갈 수 있었던 강력파워는 '보편적 복지에 의한 복지국가'였던 것이다. 국민들에게 복지국가정책이 자신들의 삶을 바꾸어 놓는 체험을 하게 해주었다. 이전까지 겪어보지 못한 복지 세례를 준 것이다. 정부를 믿게 만든 것이다. 이전에 자신들의 것을 수탈해서 어디다 쓰는지도 알 수 없었던 정부와는 완전히 차원이 다르다는 것을 보여준 것이다.

1900년도 초반만 해도 스웨덴은 돌밭에서 감자 외에 별 농작물을 구경하기 힘든 그런 가난한 나라였다. 당시 500여만 명의 인구 중 살기 힘들다고 1/3인 150만 명이 미국으로 이민을 가는 그런 나라였다. 그럼에도 "국가는 모든 국민의 집"이라는 기치를 내걸고 아동, 의료, 노동, 노인, 주거 등의 강력한 복지정책을 펼쳐나갔다.

복지국가에 대한 비전 제시와 부분적 시행이 첫 집권을 가능케 해주었다면 44년이라는 오랜 집권기간은 복지국가를 완성해나갈 기반을 만들어주었다. 복지시스템은 생활 곳곳에 깊게 뿌리내렸다. 팔메 총리는 1976년에 보수당에 권력을 내준 후 6년 만인 1986년에 다시 찾아오기는 했지만 그 이후에는 서로 뺏고 뺏기는 과정의 연속이었다.

그런데 재미있는 사실은 보수정당으로 넘어가도 복지국가시스템을 깨지 못하고 그대로 유지하였다는 거다. 그 누구에 의해서도 복지시스템을 없애거나 수정하려는 변화움직임이 보이면 당장 국민들의 저항에 부딪쳤다. 선거로 즉각 심판을 한 것이다. 신자유주의가 스웨덴에 침투해 들어오려 해도 전면적인 복지국가의 축소는 거의 불가능한 일이었다. 부분적이고 주변적인 몇 가지의 변화만 가능했을 뿐이다.

또 한 가지 중요한 것은 복지시스템이 유지되는 동안 1년에 경제가 6~7% 지속적으로 성장했다는 사실이다. 세계경제가 불황기로 접어들어도 스웨덴과 북유럽 국가들은 지속적 성장을 이어나갔다. 이와 같이 '정치를 통한 국민들의 근본적 삶의 변화'와 '지속적 성장'이 44년간의 집권, 복지국가의 안정적 정착을 가능케 했다. 국가복지시스템이 스웨덴이라는 한 나라에서 자리를 잡기까지는 추진세력의 확고한 의식과 국민들의 80~90%에 가까운 지지율이 있었기에 가능했던 것이다. 스웨덴의 역사는 복지국가 전략은 집권을 위한 전략이면서 동시에 지속적 집권을 가능하게 해주는 전략이라는 교훈을 준다. 복지국가가 민주적 정권을 만들어내고 민주적 정부는 국민에게 복지국가를 만들어준다.

세금 더 내고도 행복해하는 국민

많은 전문가들이 스웨덴을 '복지 천국'이라고 말한다. 이제는 일반 국민들도 스웨덴뿐만 아니라 핀란드, 노르웨이, 덴마크 등 북유럽 국가들이 높은 GDP와 국민행복지수를 보여주는 것을 근거로 지구상에서 가장 살기 좋은 나라들이라는 것에 동의하는 분위기이다. 그런데 '우리나라도 북유럽 국가같이 되어야 하지 않을까?'하고 주위에 질문을 던져보면 쉽게 동의하지 않는 경우가 많다. 대개 높은 세금부담이 마음에 걸려서 그런 반응을 보이는 것이다. 복지 수준이 높은 것에는 부러움을 가질 수 있지만 많은 세금을 부담하면서까지 복지를 누리는 것에 대해서는 마음속에 여러 의문이 자리 잡고 있다.

우선은 복지 수준이 어느 정도인지 그 상이 잘 떠오르지 않기 때문에 세금을 더 부담할 정도로 가치가 있는 것인지가 쉽게 받아들여지지 않는 것 같다. 또한 자신이 부담한 세금보다도 그 이상의 혜택으로 돌아오는지 확신이 들지 않기 때문일 것이다. 또 다른 이유로는 국민 상당수가 영세한 자영업을 하거나 박봉에 시달리는 경우가 많기에 당장 써야 할 돈이 급하다. 그래서 이후의 복지혜택보다도 당장의 세금부담에 더 두려움을 갖는다.

그런 의미에서 스웨덴을 이해하고 받아들이는 핵심적 열쇠 중에 하나가 바로 세금 문제라 할 수 있다. 스웨덴 국민들이 높은 세금을 감당하면서 얼마나 만족하고 있는지, 계속 높은 세금을 낼 의향이 있는지에 대한 깊은 이해가 필요하다고 본다. 그 속에서 우리나라에 적용하는 문제를 생각해볼 수 있을 것이다.

먼저 우리는 막연히 스웨덴 국민들이 세금을 많이 낼 것이라고 생각하는데 구체적으로 얼마나 부담하는지 살펴보자. 일반 국민의 입장에서 부담하는 것은 소득세와 사회보험료가 있다. 소득세는 지방소득세와 국세소득세로 나뉜다. 우리나라 돈으로 연봉 약 1,000~2,000만 원까지의 소득이 있는 국민은 약 24%의 지방소득세를 낸다. 연봉 2,000만 원 이상 6,500만 원 이하의 국민은 약 31%의 지방소득세를 낸다. 국세소득세는 내지 않는다. 6,500~9,200만 원의 연봉을 갖는 국민은 20%, 그 이상은 25%의 국세소득세를 추가로 낸다. 즉 지방소득세와 국세소득세를 합해서 51~56%의 소득세를 내는 것이다. 사회보험료는 국민들이 7%를 부담한다. 그러나 전액 소득세에서 공제되기 때문에 사실상 제로이다.

결론적으로 연봉 6,500만 원 이하의 평범한 국민들은 보험료 부담 없이 약 30%의 소득세를 내는 것이 전부이다. 국민의 75% 정도가 해당된다고 한다. 우리가 막연히 추측하거나 알고 있는 것은 그보다 과장되어 있다.

기업의 입장에서는 사회보험료(사회보장세)와 법인세가 있다. 기업은 사회보험료(사회보장세)로 31.4%를 부담한다. 즉 피고용자 급료의 31.4%를 부담한다. 우리나라는 노동자가 부담하는 사회보험료만큼만 기업이 똑같이 내준다. 즉 연금, 건강, 실업, 요양 등 보험료를 노사가 반씩 부담한다. 초임 기준으로 노사 각각 약 8% 수준이다. 이에 비해 스웨덴은 급료의 31.4%이니 기업의 부담이 큰 것이 사실이다. 대신 스웨덴의 법인세는 22%이다. OECD 평균 수준보다도 낮다. 우리나라 법인세율보다도 낮다. 그러나 노동자 급료의 31.4%에 해당하는 사회보험료(사회보장세)를 납입한다는 사실을 기억해야 한다.

자영업자는 사회보험료 29%에 개인부담 사회보험료 7%를 더해서 36%의 사회보험료를 부담한다. 그러나 전액 소득세에서 공제되기 때문에 사실상 사회보험료 없이 개인소득세만 내면 된다.

스웨덴은 학교 교육비가 대학까지 전액 무료이다. 아동수당, 학생수당이 별도로 월 18만 원 이상 지급된다. 질병, 실업수당으로 급료의 80% 이상이 지급된다. 노인이 되면 월 최저 112만 원에서부터 기존의 소득세 납부 수준에 비례해 300~400백만 원까지 받는다. 인간적인 삶을 영위하는 기본적인 조건을 보장받는 것이다.

　이러한 전반적인 사회서비스와 수당, 연금 등을 합쳐 평균적으로 국가에서 혜택을 받는 것은 국민 전체 생활비의 약 51%이다. 즉 국가에서 마련해주는 사회임금으로 자신의 삶에 필요한 생활비의 절반 이상을 보장받는다. 이는 소득세 30%가량을 부담하는 평범한 국민들의 입장에서 보면 내는 세금보다 20% 이상의 혜택이 돌아온다고 해석할 수 있다. 고액 연봉자들이 내는 51~56%의 부담액과 사회임금은 비슷하다. 그러나 이들에게는 사회안전망이 보장된다. 다시 말해 해고를 당하거나 사업이 망해도 기본적인 삶의 조건을 확보하고 재기할 수 있는 발판이 마련된다. 당장 내야 하는 세금에 막연히 부담을 갖고 불안해할 필요가 없다.

　위와 같은 조건들이 스웨덴 국민들이 비교적 높은 세금을 부담하고도 행복해하는 이유이다. 자신들이 내는 세금이 그 이상의 가치를 충분히 하고 있다고 판단하는 것이다. 그렇지 않다면 정부의 정책을 그대로 둘 리가 없다.

　우리가 꿈꾸는 사회는 어떤 사회이어야 할까? 우리는 모든 책임을 개인 스스로 져야 하는 사회이다. '도' 아니면 '모'인 사회다. '도' 밖에 없는 인생이 펼쳐질 때 이를 해결해줄 장치가 없다. 인생에 어려움이 있더라도 재기할 수 있는 사회, 인생 이모작이 가능한 사회로 가야 하지 않을까?

　정말 복지가 성장의 발목을 잡는 걸까? 우리사회의 복지는 여전히 안정된 기반을 마련하지 못하고 있다. 이런 상태에서 우리나라는 앞으로 스웨덴과 같은 강력한 성장엔진, 복지국가로 나아갈 비전을 가질 수 있을까? 그런 의문들을 함께 풀어보자.

06
북유럽에 대한 의문을 풀다

새로운 사물이나 생각을 받아들이는 데 있어서 최고의 장애물은 편견이다. 복지국가에 대해 많은 논쟁이 있고 편견이 있다. '복지국가' 그 자체에 대한 문제제기부터 시작해서 복지국가는 좋은 것이지만 우리나라 실정에는 맞지 않다는 것까지 다양하다. "복지국가는 시대에 뒤떨어진 것이다. 유행한 지가 언제인데 아직도 그것을 가지고 매달리느냐" 유행론도 있다. "우리나라에 적용하려면 시간이 더 필요하다" 시기상조론도 있다. 문제는 제대로 알지 못하면서 쉽게 평가하려는 태도이다. 입장은 다를 수 있다. 단지 있는 그대로 보는 자세가 전제가 되어야 건설적인 토론과 대안 마련이 가능하다. 나는 복지국가의 기본원리를 이해하고 정리해왔다. 이를 한국에 적용해보려고 애쓰고 있다. 그러려면 복지국가에 대한 편견과 맞서지 않으면 한 발도 전진할 수 없다는 것을 깨달았다.

복지는 성장의 발목을 잡는가?

복지가 확대되는 추세에도 불구하고 여전히 복지국가에 대한 오래된 편견이 있다. 대표적인 것이 복지는 소비적인 것이고 낭비라는 생각이다. 경제성장의 성과로 나오는 이윤을 생산적인 곳에 투자해야 하는데 어려운 사람들 도와주는 곳에나 투자하면 그만큼 성장을 지체시킨다는 것이다.

그동안 우리사회를 지배해온 주류경제학은 '분수론', '파이론'으로 대변된다. '분수론'은 성장의 힘으로 분수를 내뿜을 때 거기서 넘치는 물로 서민들도 혜택을 본다는 것이다. 소위 '낙수효과' 이론이다. 물이 높은 데서 낮은 데로 떨어지듯이 고소득자의 소득증대로 인한 소비와 투자가 저소득자의 소득증대로 자연스럽게 이어진다는 것이다. 파이론은 일단 파이를 키워야 나눠 먹을 것도 많아진다는 주장이다. 그래서 더 큰 성장을 위해 지금의 고통을 이겨내고 좀 더 허리띠를 졸라매자며 서민들을 다독여왔다. 모두 비슷한 틀이고 분배보다는 성장을 위한 이론이다. 일견 타당해 보이기도 한다.

그런데 과연 그런가? 60~70년대 기초자본이 절대적으로 부족했던 시기에는 성장 위주의 정책이 일시적으로 통하기도 했다. 박정희 시대에 국가 주도의 산업발전이 일정 정도 이루어졌다. 그러나 저임금구조의 지속은 소비력을 약화시켜 내수경기를 침체시키고 노동생산성을 약화시켰다. 산업구조 개혁과 기술투자 없이 노동자의 일방적 희생에 의존하는 구조는 금방 한계에 도달했다. 독점적 대기업은 불공정 계약과 함께 중소기업을 쥐어짜려고만 했다. 정부와 금융, 산업이 부정하게 결탁하여 외형적 성장은 있었을지언정 낙수효과는 별로 없었다. 이러한 허약한 한국 경제체제는 결국 오일쇼크나 IMF 등의 위기에 속 빈 강정처럼 여지없이 무너졌다. 90년대 이후 저성장과 경기침체는 일상적으로 우리 경제를 표현하는 말이 되고 말았다.

70년대 오일쇼크가 세계경제에 큰 충격을 준 적이 있다. 그런데 이 같은 위기상황에서 각 나라의 대응 전략은 달랐다. 스웨덴, 핀란드, 덴마크 등의 북유럽은 국가가 적극적으로 개입하여 보편적 복지정책을 강화했다. 공공일자리를 늘리고 다양한 수당을 통해 사회적 안전망을 튼튼히 했다. 이를 통해 구매력을 높이고 내수시장을 활성화시켰다. 반면 미국이나 일본은 작은 정부를 지향하며 시장 간섭을 최소화하는 신자유주의 정책을 폈다. 시장만능주의 하에 개인은 시장에서 자기 능력껏 헤쳐나가도록 방치되었다. 한마디로 '개인의 운명은 개인이 알아서'였다. 모든 것이 기업의 기득권만 강화하는 방향으로 흘러갔다. 같은 시대 같은 상황에서 이렇게 다른 선택을 한 것이다. 그 결과들은 어땠을까?

미국은 저성장과 막대한 재정적자를 지속하다가 2008년에 금융위기를 맞이했다. 일본은 90년대부터 마이너스성장의 불황을 20년간 지속해야 했다. 그러나 스웨덴은 오일쇼크 때에 대부분 선진 국가들이 제로나 마이너스 성장을 할 때, 2.3%의 견고한 성장을 하며 버텨나갔다. 1998~2007년 기간에는 3.3%의 성장을 지속해나갔다. 2008년 금융위기에도 스웨덴은 큰 어려움 없이 지나갔다. 미국, 일본이나 복지 비중이 낮았던 그리스, 스페인 등 남부 유럽의 파탄과 선명히 대비되었다.

전 사회적 보편적 복지정책을 편 것이 성장의 발목을 잡는 것이 아니라 오히려 안정적 성장을 뒷받침한다는 결과치를 보여주고 있다. 그렇다면 왜 복지는 성장 방해물이 아니라 성장 촉진제 역할을 할 수 있었는가? 나는 앞에서 스웨덴 고성장의 비밀을 밝히며 기업 경쟁력 강화 전략과 공공일자리, 사회안전망 강화 전략이 그 중심에 있다는 것을 강조했다. 그러한 이유에 몇 가지를 덧붙여본다.

우선 우수한 인적자본 강화 전략이다. 교육 분야를 공공화한다. 다시 말해 돈에 의해 교육받을 기회가 생기는 것이 아니라 의지와 열정이 있으면 교육받을 수 있는 권리를 보장한다. 대학까지 모든 교육이 무상이다. 배우는 학생들에게 부분적 생활비까지 지원된다. 교육, 재교육, 평생교육이 체계화되어 있다. 언제든 재충전과 재교육을 통해 새로운 산업재편과정에 결합해 들어갈 수 있는 인력을 양성한다.

또 한 가지는 양성평등정책과 노인, 장애인의 경제참여정책이다. 저출산 고령화 시대에 접어들면서 경제활동인구 감소세가 전 세계적 현상으로 나타나고 있다. 여성, 노인, 장애인의 적극적인 참여가 요구되고 있다. 특히 여성의 경제활동 참여는 국가경쟁력에 큰 영향을 준다. 이는 구호나 캠페인으로 되는 게 아니다. 여성이 일과 가정을 다 지킬 수 있도록 환경을 만들어주어야 한다. 보편적 복지정책을 시행하는 복지국가만이 그러한 조건을 만들 수 있다. 여성, 노인, 장애인의 참여로 경제활동인구를 증가시키면 경제력을 높일 뿐만 아니라 1인당 GNP가 올라가는 결과도 얻을 수 있다. 세계적 경제 환경이 바뀌고 있다. 복지는 낭비가 아니라 오히려 경제성장의 엔진이다.

복지와 게으름의 상관관계

"실업수당 받으면 일할 맛 나겠어?", "직장이 생겨도 게을러져서 일을 안 하게 될 걸"

이전보다는 줄어들었지만 여전히 적지 않은 사람들이 복지는 인간을 나태하게 만든다는 생각을 가지고 있다. 기초생활수급이나 실업수당 등이 일하지 않아도 보장된다면, 인간들이 굳이 일하기 위해서 애쓸 필요가 있겠냐는 것이다. 그래서 복지 수준이 높아져 우리들 삶이 보다 윤택해지는 것은 반가운 일이지만 나라경제에는 문제가 될지 모른다는 우려를 갖고 있다. 이것은 막연한 추측으로 판단될 수 있는 문제는 아니다. 복지 수준이 높은 나라와 그렇지 않은 나라들을 실증적으로 살펴보아야 한다.

고용률은 일자리 상황을 가늠해주는 고용지표 중에서 가장 중요한 지표이다. OECD는 15~64세까지 생산가능인구(경제활동인구+비경제활동인구)로 간주하고 그중에서 고용된 사람의 비율을 고용률로 발표하고 있다. OECD에서 2016년 고용률을 발표한 자료에 의하면 아이슬란드 86.3%, 스웨덴 76.2%, 뉴질랜드 75.6%, 일본 74.4%, 미국 69.4%, 한국 66.1%, 멕시코 61%이다. 알다시피 아이슬란드와 스웨덴은 복지 수준이 높은 나라이고, 미국과 일본은 경제력은 높지만 복지 수준이 낮다. 우리나라와 멕시코는 더 낮다. 그런데 복지 수준이 높을수록 고용률이 높다는 결과가 나왔다. 이는 "복지가 높아지면 게으른 국민이 늘어난다"는 생각이 얼마나 편견에 사로잡힌 것인가를 입증하는 것이다.

북유럽 복지국가들의 국민이 게으르지 않다는 것을 엿볼 수 있는 또 다른 지표가 있다. 중산층의 비중이다. 복지국가들은 국가를 위협할 정도의 재산을 가진 부자도 별로 없고 찢어지게 가난한 사람들도 별로 없다. 이들 나라에서는 중산층이 인구에서 가장 큰 비율을 점한다. 예를 들어 스웨덴은 중산층이 전체인구의 60%를 차지하여 최고 수준이다. 자신을 중산층으로 생각하는 주관적 판단에 의한 국민 비율은 무려 80%에 달한다. 일하지 않고 나라에서 주는 복지수당으로만 생활하려 한다면 수입의 한계로 인해 중산층에 들어갈 수 없다. 그런 면에서 중산층이 두텁다는 것은 일하려는 사람이 많고 사회가 안정되어 있다는 얘기가 된다.

복지 수준이 높으면서도 부지런하게 일하려는 사람이 많다는 것은 어떤 연유에서일까? 우선 실업수당을 놀면서 편하게 받는 게 아니란 걸 말하고 싶다. 직장을 잃었을 때 실업수당을 받는 것은 14개월로 기간이 한정되어 있다. 또한 등록소에 구직노력을 하고 있다는 것과 직업훈련을 받지 않으면 실업급여가 삭감 내지 중단된다. 일하려는 사람에게만 실업수당 수급도 가능하다는 의미이다.

복지국가에서 그렇지 않은 나라에 비해 노동유인 효과가 커지는 더 중요한 이유가 있다. 복지국가에서 충분한 사회보장과 복지서비스를 누리려면 누구나 일해야만 한다. 실업, 질병, 육아, 휴직 등의 수당과 노후연금이 모두 종전의 소득과 근무기간에 비례해서 결정된다. 사회보장제도가 고용과 밀접히 연결되어 있는 것이다. 사회보장제도 자체가 "국민이라면 누구나 일하고 세금을 납부한다"는 원칙 아래 설계되었다. 따라서 일을 하지 않으면 최소한의 혜택밖에 받지 못한다. 노동기간이 길수록 소득이 높을수록 각종 수당 액수가 비례해서 늘어난다.

북유럽 국가들은 가치관에 있어서 노동존중의 사고를 가지고 있다. "일하는 자가 아름답고, 일하는 자가 먹을 자격이 있다"는 기본 생각을 가지고 있다. 그것은 보편적 복지로 사회가 균등한 기회와 균등한 삶의 질을 유지하면서 서로 협력하며 살고 서로 배려하는 연대정신이 몸에 배어 있다. 편법을 써서 나만 잘살려고 하지 않는다. 나는 이들이 정신적으로 특별히 우수해서 그렇다고 생각하지 않는다.

복지국가가 되면서 형성된 사회문화가 그렇다고 생각한다.

그리고 사람들이 잘못 알고 있는 게 있다. 그리스와 스페인은 복지국가가 아니다. 스웨덴, 덴마크, 핀란드 등의 북유럽 국가들은 높은 복지혜택을 받고 높은 세금을 내는 이른바 '고복지, 고부담' 유형의 전형적 복지국가이다. 이에 반해서 그리스와 스페인은 복지혜택은 다른 국가들의 중간 수준을 유지하면서 세금부담에 있어서는 낮은 수준을 유지하는 소위 "중복지, 저부담" 유형의 국가이다. 어찌 보면 가장 불안정한 유형의 국가이다. 내는 세금이 적은 상태에서 중간 형태의 복지혜택을 유지하기에 언제든지 경제파탄이 올 수 있는 구조였다. 그리스와 스페인의 경제위기는 복지가 과잉되어서 문제가 된 게 아니라 복지가 부족한 상태에서 낮은 세금으로 나타난 것이다. 복지병 때문에 경제위기가 온 것이 아니란 말이다.

사회보장시스템이 발달한 복지국가는 인간의 근로의욕을 약화시켜 게으른 국민을 양산하는 게 아니다. 추측으로 제단하면 안 된다. 오히려 노후의 안정된 삶을 만들고 창의적 자아실현을 위해 부지런한 국민을 양산한다는 것을 잊지 말자.

대한민국 시기상조론

대한민국은 깊은 고민에 잠겨있다. 대외적으로는 세계경제의 장기적 불황과 개발도상국들의 추격 속에서 지속적 발전의 활로를 모색해야 한다. 대내적으로는 경기침체의 지속과 저출산 고령화, 그리고 양극화에 따른 국민들의 고통을 타개할 묘책을 찾아야 한다. 그러한 상황에서 현존하는 북유럽 복지국가들의 성과들은 우리에게 희망으로 다가오고 있다. 긍정적으로 배우고 적용할 바를 연구해야 할 이 때, '대한민국 시기상조론' 등의 논리가 복지국가로의 접근을 흐트러뜨리고 있다. 여기서 한 발 더 나아가기 위해서는 "과연 한국은 아직도 복지국가로 갈 준비가 되어 있지 않은 나라"인지를 진지하게 묻고 답해야 할 때라고 생각한다.

"우리나라는 선진 유럽하고는 여러 조건이 다르고 아직 여건이 형성되지 않았다", "경제 수준이 다르고 국민들이 세금을 더 낼 생각을 하지 않는다", "스웨덴은 1천만 명 정도로 아담하니까 가능하지만 우리는 5천만 명 인구인데 복지국가가 가능하겠냐?" 복지국가에 대해 토론하면서 많이 들었던 말들이다. 복지국가를 부정은 하지 않지만 시기상조이니만큼 더 유보시켜야 한다는 태도이다.

'시기상조론'의 첫 번째 근거로 많이 얘기하는 것이 우리나라는 아직 성장을 더 해야 하기 때문에 선진 북유럽처럼 복지정책을 펴기에는 경제력 규모가 미흡하다는 것이다. 스웨덴은 농업에 의존하는 주변국이었다. 1930년대 당시 정부의 강력한 의지에 힘입어 사회 전반의 복지국가정책 개혁에 시동을 걸었다 1960년대에 기본적 틀을 완성하고 1980년대에는 세계 최고의 경쟁력 있는 복지국가로 화려

하게 꽃을 피웠다. 집권 초기 강력한 복지 드라이브를 펼쳤던 1930년대 스웨덴의 1인당 GNP는 2천 불에도 미치지 않았을 때다. 1935년에 모든 노인들에게 지불하는 노인기초연금제를 시행했다.[11] 우리나라는 1인당 국민소득 2만 불이었던 2007년에 그것도 하위 70%에게만 적용되는 기초노령연금이 시작되었는데 말이다. 1938년 '2주간의 노동휴가제' 도입, 1948년 주택보조금 도입과 모든 국민을 위한 주택정책이 이루어진다. 우리가 작년부터 시행하는 아동수당도 70년 전인 1947년부터 시행했다.

주요 국가들이 국민소득 1만 달러에 도달했을 때(괄호)의 복지 지출 비중을 보면 다음과 같다. 스웨덴(1977년) 27.8%, 프랑스(1979년) 23.5%, 미국(1978년) 13.7%, 일본(1981년) 10.4%, 한국(1995년) 3.5%이다. 똑같은 경제 수준에서 복지비 지출 정도가 확연히 다르다. 그 나라의 복지철학과 태도를 엿볼 수 있다. 경제 수준이 문제가 아니란 걸 알 수 있다. 한국은 경제력에 비해 복지비 지출이 너무나 미흡했다.

그 사회의 보육비, 아동수당, 산재, 실업급여, 국민연금, 건강보험 등의 총합을 '사회임금'이라고 한다. 사회임금은 그 사회의 안전망 정도를 나타낸다고도 볼 수 있다. 내 전체 생활비 중에 국가에 의해 채워지는 비율이라고 생각하면 된다. 2014년의 나라별 사회임금을 보면, 스웨덴 51.9%, 프랑스 49.8%, 미국 25%, 한국은 12.9%였다. 달리 얘기하면 한국은 자기 생활비용 중 스스로의 힘에 의존해야 하는 비율이 87%란 얘기다. 국가에 13%만 의존한다. 스웨덴은 국가에서 약 52%를 책임져준다는 뜻이다.

복지국가는 국가와 국민이 의식적이고 지속적으로 추진할 때 이루어지는 것이다. 저절로 찾아오는 것이 아니다. 같은 경제력 조건에서 복지와 관련한 서로 다른 선택이 내일의 국민행복 정도를 확연히 갈라놓는다. 1인당 GNP 3만 불 시대를 앞둔 대한민국이 아직도 복지국가를 하기에는 경제 수준이 미흡하다고 할 수 있겠는가? 보편적 복지정책을 하지 않는 것이지 못 하는 것이 아니다. 철학의 문제이다.

달리 거론되는 것 중 하나가 "북유럽은 인구수가 적어서 부담이 덜해 복지국가가 가능한데 한국은 인구수가 너무 많다"는 것이다. 맞다. 스웨덴은 인구가 약 950만 명이다. 네덜란드는 1,700만 명 정도 된다. 그런데 선진 복지국가 중 하나인 프랑스는 6,600만 명, 독일은 8,000만 명이다. 그런데 우리가 5,000만 명이니까 북유럽보다는 많지만 프랑스보다 적지 않은가? 인구수로 가능한가 여부를 예단하는 것은 맞지 않는 것 같다. 인구가 많으면 세금이 그만큼 많이 걷힐 것 아닌가 말이다. 스웨덴은 땅은 넓지만 부존자원이 우리보다 더 많지도 않다. 수출에 의존하는 경제구조도 비슷하다. 국가 전략만이 다르다.

세계역사는 보편적 발전을 이루고 있다. 원시사회, 고대봉건제 사회를 거쳐 자본주의사회로 와있다. 자본주의사회의 양극화, 불황 등의 심각한 위기가 나타나고 있다. 이를 보완하고 보다 안정적이고 인간의 얼굴을 한 사회를 만들려는 시도가 여러모로 나타나고 있다. 그 길에 복지국가가 있다고 생각한다. 그러한 세계적인 복지국가로의 보편적 흐름을 인식하고 그 속에서 우리의 고유한 역사와 특수성을 결합하면 된다. 단 보편적 흐름이 우선이다. 특수성은 보편성 내에서 컨트롤하면 된다고 본다.

보수정당도 손을 든 '복지국가'

스웨덴이 1976년에 연속 집권시대를 마감하고 보수당에 권력을 내주었다는 사실을 공부하면서 알았을 때, '복지국가 노선은 어떻게 되었을까?'가 매우 궁금했다. 그런데 여전히 21세기에도 스웨덴을 복지국가라고 부르는 것을 보면서 궁금증은 더 커졌다. "보수정당도 복지국가를 받아들이나?" 이 의문을 해소해보기로 했다.

스웨덴은 1932년 사민당이 첫 집권을 하면서 복지국가의 역사가 시작되었다. 이후 44년을 연속 집권했다. 사민당은 복지국가로 인해 집권을 했고 집권의 힘으로 복지국가를 완성해나갔다. 이는 사민당에 대한 절대적 지지로 이어졌다. 한손 14년, 그 뒤를 이어 에를란데르 23년, 팔메 7년 등 총합 44년간을 1976년까지 사민당이 연속 집권했다. 1976년과 1991년 두 차례 보수당에 3년씩 잠시 내주었다가 2006년까지 사민당 정권은 계속 이어졌다. 그러다 위기가 찾아왔다. 2006년에 보수우파연합에 패배했고 2010년에 또다시 패배한 것이다.

　세계 여러 나라와 우리나라의 보수정당들은 "스웨덴 국민이 복지보다 효율을 택했다", "북유럽 복지국가의 실패다"라는 의도적 분석들을 쏟아냈다. 과연 그 이후 스웨덴의 복지국가는 무너졌는가? 복지는 대폭 축소되었는가? 스웨덴의 우파연합은 보수당, 자유당, 중앙당, 기독교민주당 4개 정당의 연합이다. 이들은 한때 사민당의 복지국가 노선에 대해 강력히 비판하며 각을 세우는 선거전술을 구사했다. 결과는 항상 패배였다. 그래서 선거전술을 바꾸었다. 자신들이 집권해도 복지국가제도를 유지하겠다는 공약으로 선회했다.

　사민당과의 차이라면 "법인세나 소득세를 약간 내리겠다"라든가 "병가수당의 조건을 좀 더 엄격히 하겠다" 정도이다. 스웨덴 국민들은 그동안 사민당이 보수당과는 질적으로 다른 복지제도를 시행하자 오랫동안 절대적 지지를 보냈다. 그런데 복지제도의 기본적 틀을 깨지 않는 범위 내에서 시행과정의 효율성을 놓고 여야 간 약간의 정책 차이를 보이자 이전보다는 좀 더 자유로운 선택을 하게 된 것이다. 그러나 분명한 것은 '복지국가정책 유지' 여부는 지지의 절대적 기준이라는 것이다.

　우파가 2006년 승리할 당시의 국내총생산 대비 세금부담률은 48.8%였다. 이들이 정책 수정을 한 2008년의 세금부담률은 47.2%

로 그다지 변화가 없었다.[12] 복지 축소가 없었단 얘기다. 그러기에 2010년 승리도 가능했다. 단지 약간씩이지만 복지정책이 축소되는 것에 불안을 느낀 국민들은 2014년 다시 사민당을 택했다. 결론적으로 보면 다른 나라의 보수당이 호들갑을 떨었던 복지국가의 실패는 없었다. 오히려 복지국가를 일관되게 유지하는 스웨덴은 1인당 국민소득(2017년)이 5만4천 달러이고 국민 간 소득격차가 적은 세계 최상위의 행복국가로 자리매김하였다.

　스웨덴의 보수정당들은 복지국가를 지지한다. 좀 더 정확히 얘기하면 지지할 수밖에 없다. 그렇지 않으면 선거에서 승리할 수 없기 때문이다. 복지국가제도에 근본적 메스를 가한다는 것은 곧 자신의 정당에 대한 사망선고를 내리는 것과 다름없다는 인식을 갖고 있다. 북유럽에서 보수정당들이 복지국가를 지지하고 유지하는 이유는 그것을 '국민의 명령'으로 받아들이기 때문임을 알 수 있다. 실제로 스웨덴에서는 어떤 정당이 집권하더라도 복지제도의 안정을 위해 세금을 더 낼 의사가 있다는 여론이 꾸준히 70%를 상회하고 있다.

　박근혜 정부도 시대의 흐름 속에서 기존 본인들의 노선과는 다르게 "복지국가"를 내세웠다. 국민들의 요구를 읽은 것이다. 예전과 같이 국민에게 성장을 위해 허리띠를 졸라 맬 것을 계속 요구하는 것은 먹히지도 않고 시대정신에 뒤떨어진다는 직감을 한 것으로 보인다. 보육료 지원이라는 성과도 있었다. 단지 국가의 역할에 대한 인식 부족, 보편적 복지에 대한 부족한 이해, 보편적 복지가 기업에 부담을 가져올 것이라는 거부감 등으로 인해 진정성 있게 복지국가를 정책의 중심에 놓지 못 하는 명백한 한계를 노출했다. 그러나 보편적 복지의 도도한 흐름을 외면하지 못한 보수의 고민이 엿보였다. 앞에서도 언급했듯이 2018년 하반기에 자유한국당이 아동수당의 대상을 하위 90%에서 100% 모두로 확대하는 것에 동의했다. 보수정당이 보편적 복지의 물결을 거스르지 못하고 순응한 상징적 사건으로 기억될 것이다. 보편적 복지는 보수정치세력이 원하던 원치 않던 국민의 요구로 그들을 압박하고 있다. 우리나라도 진보와 보수가 복지국가를 놓고 건설적으로 서로 경쟁하는 그런 사회를 상상해본다.

스웨덴은 오래전부터 '복지와 성장'은 대립하는 것이 아니라 동반성장하고 더 나아가 필연적 결합체라는 것을 진보·보수정당들이 모두 동의하고 있다. 영국의 정치인이며 사회학자인 '데이빗 마르킨드'는 "복지국가는 20세기 유럽문명의 가장 찬란한 업적"이라고 말했다. 진보와 보수가 복지국가정책을 함부로 대하지 못하고 진지하게 임하는 것을 보니 맞는 말인 것 같다.

우리나라도 진보 보수를 막론하고 성장과 복지는 상호작용하며 선순환 발전하는 것이라는 공감대를 형성해야 한다. 국민이 행복하게 사는 나라를 만드는 것이 공동의 목표라는 데 동의한다면, 지금은 '강력한 경제성장엔진이 될 복지국가'를 우리나라의 나아갈 방향으로 뜻을 모아야 한다.

07
'국민 고통'의 처방책은 복지국가로!

국민을 행복으로 이끄는 길

정치를 왜 하느냐는 질문에 "국민의 행복을 위해서"라고 답을 하는 정치인들이 많다. 나 또한 그렇게 답을 많이 한다. 국가는 무엇을 위해 존재하느냐는 질문에도 "국민의 행복을 위해서"라고 답하는 사람들이 많다. 그렇다면 "행복이란 무엇일까?", "어떻게 해야 국민이 행복해질까?"를 고민하는 것은 매우 중요한 문제이다.

우리는 살아가면서 가끔 자신에게 "나는 행복한 삶을 영위하고 있는가?"라는 질문을 던지곤 한다. 인간은 누구나 행복을 추구한다. 각 개인에게 행복의 우선순위는 다를 수 있다. 누구에게는 돈이 최우선이다. 자신의 꿈의 성취 정도가 가장 중요한 경우도 있다. 또 다른 누군가에는 연인이나 가족의 사랑일 수도 있다.

2016년과 17년, 우리나라는 촛불시위로 몸살을 앓았다. 그 과정에서 국민들의 심경을 대변한 말이 탄생했다. "이게 나라냐!" 이 말은 정부 실정에 대한 분노를 담아낸 것이다. 그렇지만 이 말속에는 고통스럽고 불행한 자신의 처지가 투영되어 있기도 하다.

유엔 지속발전해법네트워크SDSN에서는 매년 '세계행복보고서'를 발표한다. 소득, 기대수명, 자유, 사회적 지원, 부패지수 등이 반영된다. 2019년 3월 20일 발표에 의하면 156개국 중 핀란드가 1위, 덴마크, 노르웨이, 아이슬란드, 네덜란드, 스위스, 스웨덴, 뉴질랜드, 캐나다, 오스트리아가 뒤를 이었다. 한국은 54위였다.

세계 11위(GDP)의 경제대국인 한국이 어째서 이런 성적표를 받았을까? 최고 경제대국인 미국(19위), 일본(58위), 중국(93위) 등도 초라하다. 상위에 랭크된 나라들의 특징은 북유럽, 캐나다, 호주 등 공히 복지체계가 안정되어 있다는 점이다. 국민들의 소득 격차가 적으며 정치 사회적으로 안정되어 있다. 특별히 행복평등조사에 의하면 한국은 96위로 행복 순위보다도 더 낮다. 2016년 성균관대학 서베이리서치센터 조사에 의하면 한국인들이 "매우 행복하다"와 "전혀 행복하지 않다"가 2007년에 2.36%, 14.57%였는데 2012년에는 각각 2.29%, 23.78%로 불행하다고 답하는 사람이 늘어나고 있다.

결론적으로 보면 객관적인 행복평등조사에서 낙제이고 주관적으로 느끼는 지표에서도 불행하다는 비율이 계속 커지고 있다는 사실이다. 아무리 전체 경제 수준이 높아도 소득불평등이 높고 사회적 안전망이 약하면 불행해지는 국민들이 많다는 것이다. 행복하고 만족스러운 삶을 위해 꼭 부자가 될 필요는 없지만 가난은 확실히 문제가 된다.

어느 직장인 설문조사에서 어떤 수준이 중산층이라고 생각하느냐는 설문조사를 했다. 첫째, 부채 없는 아파트 30평 이상 소유. 둘째, 월 급여 500만 원 이상. 셋째, 자동차 2,000cc 이상 소유. 넷째, 예금 잔고 1억 원 이상. 다섯째, 해외여행 1년에 한 차례 이상 다녀올 능력을 꼽았다. 약간은 가벼운 조사이긴 한데 우리나라 소시민들의 평균적 희망사항일 거라고 예상되는 조사이다. 독자들은 여기에 해당되는가? 청년실업이 넘쳐나고 비정규직이 절반 이상인 나라에서 몇 퍼센트나 이에 해당될까? 씁쓸한 웃음이 난다.

OECD국가 중 한국 청소년, 노인의 자살률이 1위이고, 노인빈곤율은 OECD 평균의 두 배인 49.6%이다. 출산율 1.96(2018년, 여성이 평생 낳는 아이의 수)으로 꼴찌인 것은 젊은 부부들이 경제적 어려움으로 아이 키우기를 두려워한다는 방증이다. 청년들은 자신들이 3포 세대(연애, 결혼, 출산)를 넘어 4가지(내집 마련, 인간관계, 꿈, 희망)를 더해 7가지를 포기하는 7포 세대라고 자조하고 있다. 이런 통계를 자꾸 드러내고 싶지 않다. 그렇지만 이를 직시하지 않으면 국민들의 행복은 허울에 불과하다.

우리는 하루빨리 행복한 사람이 다수를 차지하고 행복의 수준이 높아지는 나라를 만들어야 한다. 그러기 위해서는 미래의 불안을 걷어낼 수 있도록 소득불평등구조를 극복하고 사회안전망을 구축해야 한다. 기회도 균등하고 보편적 복지에 의한 재분배로 함께 잘살 수 있는 그런 나라를 만들어야 한다.

우리 아이들의 미래를 위해, 우리의 삶의 질을 높이기 위해 희망 찾기에 나서보고자 한다. 허황된 이념 속에만 존재하는 그런 것이 아니라 구체적으로 실증적으로 보여줄 수 있는 국가비전이 무엇인지를 찾아보자. 지구상에 존재하는 행복지수가 가장 높은 나라로 공인된 북유럽을 주목해보려 한다. 그중에서도 복지국가를 이념과 시스템으로 만들어 실천하고 성과를 보여준 스웨덴 모델을 주목했다. 다음 장에서 출산, 보육, 교육, 취업, 질병, 노후안정 등 삶의 과정이 어떻게 설계되어야 행복할 수 있는지를 탐구해 볼 것이다. 한국의 현실과 비교해가며 함께 꿈꿀 수 있는 희망을 만들어갔으면 한다. 행복한 사람이 다수를 차지하는 나라를 위하여!

강력한 경제성장엔진, 복지국가

복지가 좋다는 것, 성장에 방해가 되지 않는다는 것까지는 이해가 되지만 성장동력도 될 수 있을까? 복지국가를 알아가면서 가장 궁금해하기도 하고 가장 심혈을 기울여 연구했던 분야이기도 하다.

저성장과 경제위기에 대한 주류 경제학의 해법은 일정 패턴이 있다. 그리고 공통점이 있다. '경기가 침체되니 경기를 부양해야 한다', '경기부양을 위한 돈 풀기가 필요하다', '주택, 도로, 철도 등 SOC 사업을 확대해야 한다', '소비력, 구매력을 높이는 조치가 필요하다', '금리를 인하시켜 시중에 돈이 돌고 투자를 늘려야 한다', '카드사용을 확대하는 등 소비신장 분위기를 만들자.'

이러한 조치들은 시장의 흐름과 잘 조우되면 일시적으로 일정 성과가 나오기도 하지만, 대개는 별 효과를 내지 못하고 근본적 성장동력을 만들지 못한다. 그런데 이러한 대처방안들이 일시적으로 경기를 좋아지게 할 수는 있어도 국민들의 고통이나 불안을 해소하지 못한다. 기본적으로 시장의 자율적 기능에 맡기는 해결방안이기에 양극화를 더 심화시킬 뿐이다.

국민들의 삶을 바꿀 수 있는 국가 전략과 정책이 필요하다. 일상에서 삶의 질을 높일 수 있어야 한다. 국민의 인생주기 과정에서 위기요소를 파악하고 이를 극복할 수 있는 제도를 만들어주어야 한다. 그리하여 미래에 대한 불안감을 해소해줄 때 비로소 국가의 사회경제 전략은 의미를 갖게 될 것이다.

그것의 열쇠가 복지국가에 있다. 보편적 복지에 있다. 성장 전략으로 삼아야 할 핵심이유를 상세하게 다시 강조한다. 복지국가는 기업경쟁력을 강화할 수 있는 조건과 힘을 갖추고 있다. 경제가 지속적 성장을 하려면 기업의 경쟁력이 우수해야 한다. 나라 전체로 보면 노사가 합심하여 기업경쟁력을 강화할 수 있는 조건을 만들 수 있는 방법은 복지국가밖에 없다.

국가는 우수 경쟁력기업에 기술, 자본, 인력, 인프라 등을 지원해서 더욱 경쟁력을 키워야 한다. 경쟁력을 상실한 기업은 도태시켜 새로운 성장산업으로 전환시켜야 한다. 그런데 대책 없는 기업의 도산은 해고노동자의 파멸과 기업의 영원한 폐쇄를 가져온다.

복지국가는 보편적 복지를 시행해서 사회안전망을 강화한다. 이는 해고노동자가 재기할 수 있도록 안정적인 생활비 지원과 재교육을 보장해준다. 도태된 기업에는 새로운 기술과 신성장산업으로의 전환을 지원해준다. 기업경쟁력에 따른 자연스런 재편을 위해 '동일노동 동일임금' 정책을 추진한다. 동일임금을 지급할 정도의 경쟁력을 갖추지 못하면 도태될 수밖에 없는 구조이다.

스웨덴에서는 회사가 어려워지고 사양화되면 노사가 각각 양쪽의 전문가들과 함께 사업에 대해 합리적 분석과 토론을 한다. 그래서 회생가능성이 없다고 판단되면 회사 폐쇄를 합의 결정한다. 폐쇄와 해고가 끝이 아니기 때문이다. 노동자들이 정부에 대한 신뢰가 없으면 불가능한 일들이다.

노동조합가입률이 80%가 넘는 스웨덴이 해고가 자유롭다는 것은 다소 의외의 이야기일 수 있다. 해고를 노조가 쉽게 받아들인다는 것은 우리나라에서 상상도 할 수 없는 일이기 때문이다. 1990년대 경제위기, 2008년 세계 금융위기 과정에서 스웨덴도 굴지의 대기업들이 쓰러졌다. 스웨덴의 자존심이라 할 수 있는 에릭손의 모바일 분야가 일본 소니에 넘어갔고, 볼보의 승용차 부분이 미국 포드로 넘어가기도 했다. 다만 이러한 경영 악화와 공장 폐쇄 등에도 불구하고 수많은 노동자들이 길거리에 나앉는 신세가 되는 일이 스웨덴에는 없었다는 것이 눈여겨봐야 할 대목이다.

이는 복지국가정책에 의한 탄탄한 사회안전망이 갖춰져 있기 때문에 가능한 것이다. 스웨덴 기업은 22% 수준의 낮은 법인세를 내는 대신에 피고용자 급료의 31.4%를 사회보험료인 사회보장세로 납입한다. 이러한 사회보장기금은 노동자들이 해고로 인해 실업에 처했을 때 재기를 위한 안전판을 마련해줄 수 있었다. 2008년 에릭손이 애플과 삼성에 밀려 모바일 사업을 포기했을 때 대량해고 사태가 벌어졌다. 당시 에릭손에 근무했던 한 한국인 직원은 해고를 피할 수 없었지만 회사로부터 퇴직 후 1년간 연봉을 지급받았다. 또한 1년 뒤에는 실업급여 지급과 재취업 프로그램을 지원받았고, 이후 창업자금까지 지원받아 재기에 성공할 수 있었다. 스웨덴의 사회복지정책이 아니었다면 불가능한 이야기다(이석원, 시사저널, 2018.2.26).

이러한 사회적 안전망은 국가가 경쟁력 있는 기업은 지원책을 마련해 더욱 강화시켜주고, 경쟁력이 떨어지는 기업은 도태시켜 새로운 신성장산업으로의 전환을 촉진할 수 있도록 해준다. 이러한 이유로 1990년, 2008년 세계경제위기 시대에 미국, 일본 등 비 복지국가들이 경제위기로 주저앉았을 때에도 스웨덴과 북유럽 국가들은 지속적 성장이 가능했던 것이다. 결국 개인들의 소득세와 기업의 사회보장세를 바탕으로 한 복지국가 안전망은 노동자를 보호하면서 기업경쟁력을 강화하여 경제성장을 촉진하는 강력한 기반을 만들어주었다.

보편적 복지정책은 국민들의 생활 안정에 더해서 내수경기 활성화를 가능케 한다. 구매력을 높이는 방법에는 3가지가 있다. 일자리, 임금상승, 복지증대이다.

복지정책에 의한 공공일자리 창출은 곧바로 구매력을 높인다. 스웨덴의 경우 전체 일자리의 1/3 정도를 국가와 지방정부가 창출한다. 보육, 의료, 요양 등 다양한 공공서비스 분야에 대량의 일자리를 만들어내는 것이다. 민간 기업에 요청해서 만드는 것이 아니다. 직접 나선다. 이러한 일자리는 경제활동인구를 늘리고 그만큼의 소비력을 확장한다.

또한 국가에서 창출하는 공공일자리는 적정한 생활임금을 보장함으로써 사회의 전반적인 임금의 안정화에도 기여한다.

각종 연금과 수당도 구매력 창출에 기여한다. 아동수당, 육아휴직수당, 질병수당, 교육수당, 의료비지원, 초중고 대학 교육비 지원. 실업수당, 기초연금, 소득비례연금 등은 국민들의 안정적 생활을 가능하게 하면서 동시에 소비력을 높여준다. 소득수준이 균등해 중산층을 두텁게 만든다는 점과 미래에 대한 불안이 불식되면서 갖는 심리적 안정감은 소비구매력을 더욱 높여준다. 이는 내수를 활성화시키고 경제의 지속적 성장을 담보하는 동력이 된다. 대외경제의 충격에도 경제안정화 역할을 한다.

사회안전망의 확충은 국민들에게 미래의 불안으로 저축 비중을 늘렸던 것으로부터 소비 비중을 높이는 것으로 전환시킨다. 즉 보편적 복지는 그 자체로 소비를 가능하게 하는 것도 있지만 사회 안정으로 인한 소비심리가 작동할 수 있다는 얘기다.

복지국가는 국민의 안정을 도모해준다. 그런데 거기서 그치지 않고 지속적인 경제성장을 뒷받침해준다. 나는 복지국가가 우리를 사회적 위험으로부터 보호하고 질병을 치료하는 '약'이면서 동시에 새롭고 강력한 '성장 전략'이라는 것을 확신하면서 우리나라의 나아갈 방향이 되어야 한다고 생각했다. 나는 이를 함께 고민하고 해결방안을 함께 찾고자 이 책을 썼다.

3불(불평등, 부정의, 불공정) 해결의 길

행복과 불행을 가르는 요소는 여러 가지가 있다. 그중에 단연 큰 비중을 차지하는 것이 불평등 문제일 것이다. 금수저, 흙수저, 헬조선 등의 신조어가 만들어지고 유행한 것도 거기에서 연유한다. 그렇다면 불평등은 능력 부족, 게으름으로 인한 개인의 문제인가? 아니면 사회적 구조적 문제인가?

2017년 12월에 〈세계 부와 소득 데이터베이스〉라는 세계적 연구단체에서 불평등 보고서를 냈다. 전 세계인구의 상위 1%(7.600만 명)가 1980~2016년에 발생한 부의 27%를 가져갔다. 미국은 1980년에 상위 1%의 몫이 22%였으나 2014년에는 39%로 급증했다. 불평등은 세계적 추세이고 더욱 가속화되고 있다.

한국은 상위 1%와 10%의 몫이 1996년 7.3%와 32.6%에서 2014년 12.3%와 44.8%로 커졌다. 다른 척도인 상대적빈곤율(소비·저축을 자유롭게 할 수 있는 가처분 평균소득의 50% 이하)을 보면 OECD 평균이 11.7%이고 덴마크가 5.5%로 1위일 때 한국은 17.8%로 꼴찌를 기록하고 있다. 약 20%가 평균소득의 절반 이하의 열악한 삶을 산다는 얘기다. 한국에서 250명 이상의 대기업은 전체 고용의 12.8%밖에 기여하지 못하면서 부가가치는 전체의 56%를 가져간다. 고용에 큰 기여를 하는 중소기업은 열악한 기업 환경과 낮은 임금으로 대기업과의 격차가 갈수록 커지고 있다.

스웨덴의 사회학자 예란 테르보른Goran Therborn은 "불평등은 사회활동에 참여하는 데 필요한 자원뿐 아니라 인간으로서 우리의 역량, 건강, 자존감, 자아의식을 손상시킨다"고 했다.[13] 불평등은 우선 국민을 불행하게 만든다. 개인의 능력을 떠나 공정하지 못한 불평등은 인간존엄성을 모독한다. 자신의 처지를 비관하여 우울증, 자살 등의 병리적 현상으로 발전하기도 한다. 저출산, 무한 과잉경쟁, 일중독의 사회적 문제를 야기하기도 한다. 또한 불평등은 경제위기를 가속화한다. 일의 의욕저하로 생산성과 효율성이 감소한다. 양극화로 인한 중산층의 붕괴는 소비수요능력을 약화시켜 경제위기의 악순환을 가져온다.

불평등 현상은 오래전부터 있었지만 자본주의 시대에 격차가 더 커졌다. 특히 1980년대 세계화와 신자유주의 과정에서 불평등은 위험수위를 넘게 가속화되고 있다. 대기업에 유리한 감세정책은 기업은 배불리고 복지혜택을 줄여 빈곤한 국민들을 양산한다. 해고를 자유롭게 하는 노동유연화정책은 노조를 약화시켜 임금수준을 낮추고 비정규직, 임시직을 대량으로 만들어 양극화로 치닫는다. 세계화 과정에서 나타난 금융산업에 대한 규제완화는 생산적 산업보다 금융의 슈퍼 불로소득자를 대량 만들어냈다.

불평등을 아예 없애는 것은 어쩌면 불가능하다고 해야 할 것이다. 그러나 불평등이 개인의 탓으로만 발생된다고 보기보다는 사회적 구조적 문제로 격차가 커지는 것은 분명하다. 때문에 줄여나가는 것은 가능하다. 세계역사는 각 나라의 국가운영철학에 따라 불평등 정도는 얼마든지 달라질 수 있다는 것을 보여주고 있다.

북유럽 국가들은 많은 세금을 걷지만 소득재분배를 통해 불평등 격차를 줄이고 사회를 안정시키는 복지정책을 일관되게 펼쳐왔다. 보편적 복지로 사회임금을 높이는 것은 소득재분배의 중요한 수단이다. 그 결과 분배가 상대적으로 균등해짐으로써 국민들의 행복도를 높였다. 게다가 두터운 중산층을 기반으로 소비수요능력을 높여서 세계적 경제위기 상황에서도 안정적 발전을 보여주고 있다. 미국이나 영국, 남부 유럽, 우리나라와 대비된다. 불평등은 자연스러운 현상이라거나 당연한 것이라는 생각부터 바꿔야 한다. 불평등은 없앨 수는 없지만 북유럽처럼 상당히 격차를 줄여 국민행복과 경제성장에 기여할 수 있게 만들 수 있다.

한동안 시대정신으로 '경제민주화'가 부각된 적이 있다. 경제민주화는 불공정의 다른 말일 수도 있다. 주로 경제민주화하면 출자총액제한, 순환출자금지, 금산분리 등의 경제정책 문제가 주로 거론되었다. 기업의 효율성, 지속가능성 문제가 논의되었다.[14] 이후에는 대기업의 갑질, 즉 골목상권 진입, 중소기업과의 불공정 거래, 대기업 일감 몰아주기와 프랜차이즈 가맹점들의 갑질 등이 주 이슈로 등장했다.

그러나 출자총액제한 등의 문제는 기업 간 질서를 유지하고 대기업의 무분별한 문어발식 확장을 막는 의미는 있지만 국민들의 경제사회적 고통을 직접적으로 해결하기에는 약간 거리가 있는 문제였다. 대기업의 중소기업 또는 하청기업에 대한 갑질이나 골목상권 진입 등의 불공정성의 문제는 매우 중요한 사회적 해결 과제이다. 대기업보다 투자 대비 고용비율이 월등히 높은 중소기업을 보호해야 일자리 문제가 해결된다. 또한 중소기업과 지역 소기업 등의 경영이 안정되어야 지역경제가 살고 서민들의 생활 안정이 된다.

그런데 경제의 불공정을 해결하는 것, 경제민주화를 해결하는 가장 중요한 기준을 국민들의 생활 안정과 떼어내서 생각하면 그 의미는 매우 축소된다. 불공정의 문제는 국민들의 양극화로 인한 고통을 해결하는 것, 즉 소득재분배의 실현이 핵심적 관건이 되는 것이다. 이의 해법은 결국 복지국가를 통한 해결로 모아진다.

사회의 부정의는 무엇인가? 정의를 이루는 방법은 무엇인가? 오랜 군사독재 기간을 거친 우리 국민들은 군사적 폭압과 불의를 보아왔다. 그로 인해 정의와 민주화에 대한 갈망은 커져만 갔다. 이는 4.19에 이은 80 민중항쟁, 87 민주화 항쟁, 2017 촛불혁명으로 나타났다.

정치 불의에 대한 분노가 어느 정도 정치적 안정을 이루고 난 뒤의 관심은 경제 정의다. 국민의 불평등한 삶에 대한 문제제기가 경제 정의의 내용으로 연결된다. 경제 정의는 기회의 균등, 결과의 공정함을 지향하고 이는 역시 소득재분배의 해결로 모아진다.

이와 같이 불공정은 불평등을 낳고 불평등은 부정의를 양산한다. 부정의가 불공정한 질서를 만든다. 이들은 상호 연관되어 있고 이의 모든 해결은 공히 소득재분배의 실현이라는 과제로 귀결된다. 소득재분배의 가장 현실적이며 합리적 방법은 보편적 복지를 실현하는 길이다.

촛불혁명의 정신은 적폐청산이었다. 정부를 바로 세우는 것에서 시작했지만 우리사회의 불평등, 부정의, 불공정을 바로잡는 것으로 발전했다. 이의 해결을 복지국가에서 찾고 해결하는 것, 그래서 사회통합과 연대를 이루어내는 것이 우리의 과제다. "사회통합과 연대를 강화하는 복지국가는 문명사회를 유지하기 위해 인류의 지혜가 만들어낸 최고의 발명품이다."[15]

행복으로 안내하는 사회임금

생계비 중에서 비중은 가장 크나 쉽게 줄일 수 없는 비용이 무엇일까? 한국노총에서 2015년 발표한 바에 의하면 필수 생계비인 교육, 의료, 주거비용이 약 30%를 차지한다고 했다. 여기에 부모님 용돈 등을 포함하면 35~40%를 차지한다. 이 비용들은 식품비, 문화비, 의복비 등과 같은 개인 소비성이 강한 것이 아니라 줄이고 싶어도 줄일 수 없는 사회성이 강한 생계비에 속한다.

 그런데 이러한 필수 생계비를 자신이 아니라 국가가 마련해준다면 어떨까? 말할 필요도 없이 가계가 안정화되는 획기적인 변화를 줄 것이다. 간접적인 형태의 임금인상이다.

 일반 노동자가 회사에서 일을 하고 받는 급료를 '시장임금'이라 한다. 그리고 여러 복지제도를 통해 국가에서 받는 혜택을 '사회임금'이라고 한다. 기초생활급여, 보육비, 아동수당, 산재, 실업급여, 국민연금, 기초노령연금, 교육비, 건강보험 등이 사회임금이라 할 수 있다. 현금과 사회서비스 형태로 지급된다. 시장임금은 전적으로 스스로 생활을 책임져야 한다는 의미에서 개별적 재생산이지만, 사회임금은 사회가 가계를 제도적으로 지원해준다는 의미에서 사회적 재생산이다.

물론 사회임금이라 해서 하늘에서 뚝 떨어지는 것은 아니다. 재원을 국민이 마련해야 한다. 세금과 여러 보험료를 납부해서 만드는 것이다. "우리가 낸 세금과 보험료로 다시 돌려받는 것인데, 엄밀히 얘기하면 국가가 공짜로 주는 것도 아니고 그게 무슨 의미가 있는가?" 이런 의문이 들 수 있다. 맞다. 우리가 내고 우리가 받는 것이다. 그런데 사회임금에는 시장임금과는 근본적으로 다른 중요한 의미가 있다. 자본주의 사회에서는 기본적으로는 각자의 삶을 자기 개인이 책임진다. 그래서 나라에서 공적 지원을 받는 것이 별로 없는 신자유주의 체제의 경우에는 전적으로 시장임금에만 거의 의존해야 한다. 따라서 자신이 임금을 받지 못 하는 상황이 되면 생활불능 상태에 빠지게 된다. "해고는 곧 죽음이다"라는 인식이 형성된다. 지난 쌍용자동차 사태를 생각해보라.

사회임금은 각자의 소득 수준과 상황에 맞게 세금과 보험료를 내고 기본적 필요에 적합한 혜택을 보는 것이다. 한마디로 '수준에 맞게 내고, 필요에 맞게 받는 것'이다. 아기를 낳으면 보육·교육 혜택, 아프면 의료 혜택, 해고되면 실업급여, 노후에는 노인연금 등 필요에 의해 얻게 되는 혜택이다. 그야말로 사회적 안전망인 것이다. 공동체사회에서 낙오자를 줄이고 모두가 기본적 생활을 영위할 수 있도록 집단적 동의에 의해 만들어진 제도라 할 수 있다. 국가가 모든 국민의 집으로서의 역할을 하는 중요 수단이 사회임금이다.

우리사회가 양극화가 심하고 일상적으로 비정규직, 실업, 영세 자영업 위기, 질병, 장애의 위험이 도사리고 있는 현실에서 안전장치는 필수적이다. 그런 의미에서 사회임금은 비록 우리가 내고 우리가 돌려받는 것이지만, 개인의 기본적 생활에서 그 차지하는 비중이 클수록 개인의 조건에 따른 위험성이 그만큼 줄어드는 역할을 한다. 절대적 빈곤이나 사회에서 낙오자로 전락할 위험성을 줄인다.

또한 사회임금은 재분배 기능이 있어서 상대적으로 서민층에게 더 큰 혜택이 있기에 불평등 구조의 개선에도 기여한다. 그리고 사회임금이 크면 개인의 소비력과 구매력이 높아짐으로써 경제 활성화에도 기여한다.

2014년 국회 입법조사처 조사를 보면 '나라별 가계비 중 사회임금의 비중'을 나타내주는 것이 있다. 2012년 기준 OECD 평균이 40.7%인데 한국은 12.9%에 불과하다. 미국 25%, 영국 37.8%, 독일 47.5%, 프랑스 49.8%, 스웨덴 51.9%이다. 다시 얘기하면 우리나라 국민은 생활비의 87%를 개인의 능력으로 책임져야 하는 데 비해 스웨덴은 48%만 개인이 책임진다.

한국 국민에게는 사회적 안전판이 취약해서 개인이 시장에서 낙오하면 매우 위험해진다. 유럽 선진국에서 사회임금의 비중이 50%

에 육박한다는 의미는 개인의 위험을 최소화하기 위해 국가가 책임을 반분한다는 것이다. 복지국가로 나아간다는 의미는 다른 말로 하면, '보편적 복지' 방식으로 사회임금의 비중을 높이는 실천이다.

1   이 책 상당 부분의 내용은 필자가 2017년 9월~2018년 8월까지 안산신문에 매주 기고한 칼럼을 바탕으로 다시 쓰고 보강한 것이다.
2   신자유주의란 국가권력의 시장개입을 비판하고 시장의 기능과 민간의 자유로운 활동을 중시하는 이론이다. 1970년대부터 기존의 수정자본주의를 비판하면서 경제적 자유방임주의를 주장하면서 본격 대두되었다. 신자유주의는 자유시장과 규제완화, 노동의 유연성 등을 강조한다. 노동의 유연성은 쉽게 얘기하면 해고를 보다 자유롭게 한다는 말이다. 노사갈등이 심해질 수밖에 없다. 미국의 레이건과 영국의 대처가 대표적인 신자유주의자이다. 한국도 노태우, 김영삼 시대에 신자유주의를 무분별하게 받아들이다가 IMF사태를 맞이하기도 했다.
3   예테보리는 스웨덴 제2의 도시다.
4   코뮌이란 스웨덴의 기초자치단체를 말한다. 전국에 290개가 있다. 이보다 큰 광역단위의 자치단체는 란드스팅이라 부른다. 코뮌이 우리나라의 시군이라면 란드스팅은 도의 개념으로 이해해도 무방하다.
5   유모토겐지, 2011, 『스웨덴 패러독스』, 김영사.
6   유모토겐지, 2011, 『스웨덴 패러독스』, 김영사, 152~155쪽.

7 신필균, 2011, 『복지국가 스웨덴』, 후마니타스, 68쪽.
8 가오롄쿠이, 2015, 『복지사회와 그 적들』, 부키, 2015, 40쪽.
9 일반 노동자가 회사에서 일을 하고 받는 급료를 '시장임금'이라 한다. 그리고 여러 복지 제도를 통해 국가에서 받는 혜택을 '사회임금'이라고 한다. 사회의 보육비, 아동수당, 산재, 실업 급여, 국민연금, 건강보험 등의 총합이라고 할 수 있다. 사회임금은 그 사회의 안전망 정도를 나타낸다고도 볼 수 있다. 내 전체 생활비 중에 국가에 의해 채워지는 비율이라고 생각하면 된다.
10 가오롄쿠이, 2015, 『복지사회와 그 적들』, 부키, 70쪽.
11 신필균, 2011, 『복지국가 스웨덴』, 후마니타스, 66쪽.
12 이창곤, 2010, 『어떤 복지국가에서 살고 싶은가?』, 밈, 244쪽.
13 김윤태, 2017, 『불평등이 문제다』, 후마니타스, 9쪽.
14 김윤태, 2017, 『불평등이 문제다』, 후마니타스, 285쪽.
15 김윤태, 2017, 『불평등이 문제다』, 후마니타스, 324쪽.

2. 우리가 꿈꾸어야 할 미래

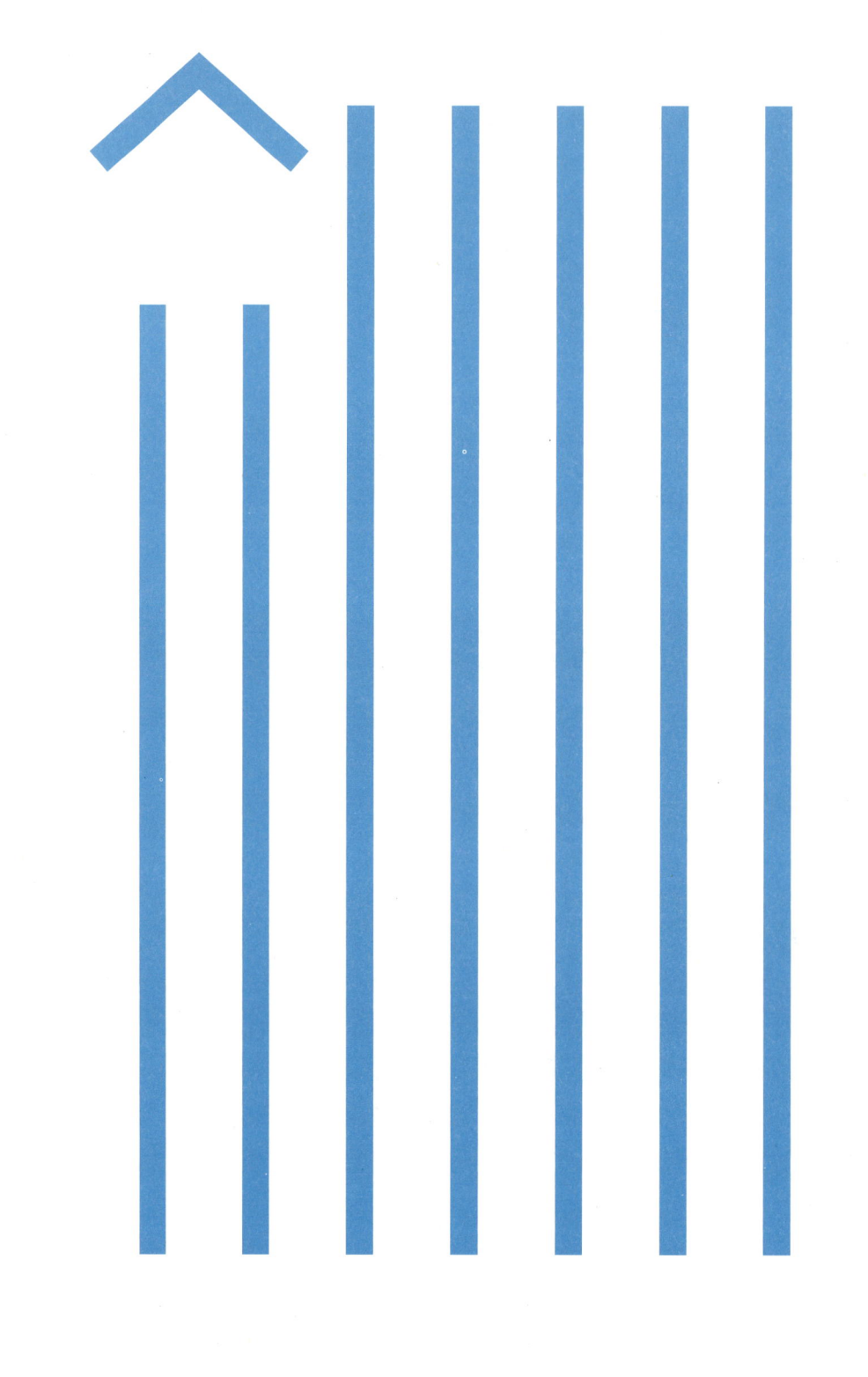

지금까지 '보편적 복지의 복지국가'는 어떤 나라인가를 개괄해보았다. 내가 알아온 스웨덴은 형식적으로 국민을 대하지 않았다. 몇 가지 성과로 자족하거나 과시하지 않았다. 국민들의 삶을 진지하게 관찰하고 분석하여 맞춤형 대안을 내놓았다.

출생, 보육, 교육, 취업, 결혼, 실업, 병환, 노후 등 우리가 삶의 과정에서 맞닥뜨려야 하는 상황마다 편안하고 안정되게 맞을 수 있도록 설계를 한다. 그 과정에서 예상되는 어려움과 위기 요소를 예측하고 세심한 대책을 세워 지원한다. 국민에 대한 국가의 자세와 역할이 이 정도라면 우리가 꿈꿔볼 만한 사회가 아닌가?

우리의 상황을 직시하고 우리가 가야 할, 함께 꿈꾸어야 할 미래를 그려보았다. 어떤 경제위기에 직면하더라도 우리 아이들이 부모님들이 나락으로 떨어지는 모습은 보지 않게 되는 나라를 만들어야 한다. 복지국가시스템이 경제성장을 추동하고 그 결과로 복지국가 정책이 더욱 강화되는 선순환을 그리는 그런 미래를 꿈꾸자.

01
아이 낳고 키우기 좋은 세상

모든 아이는 우리 모두의 아이

아이를 낳지 않는다고 온 나라가 아우성이다. 작년(2018년)에 문 대통령도 국민과의 대화에서 "본인의 자녀도 하나만 낳으려 한다"고 걱정한 바 있다. 우선 청년들이 결혼을 안 하거나 늦게 한다. 결혼을 해도 아이를 낳지 않거나 하나만 낳으려 한다. 아이를 낳을 환경이 되지 않기 때문일 게다.

아이를 낳고 키우는 것은 부모의 책임인가, 아니면 우리 모두의 책임인가? 저출산의 원인과 대책을 논하기 전에 먼저 아이의 돌봄을 어떤 관점에서 봐야 할지 생각해볼 필요가 있다. 스웨덴 얘기를 안 할 수 없다. 스웨덴 아동정책의 캐치프레이즈가 있다.

"모든 아이는 모두의 아이"

스웨덴 복지정책의 이념이 "국가는 모든 국민의 집"이었다. 1970년대에 아동정책의 근본이념으로 '국민의 집에 거주하는 모두의 아이'라는 인식을 하게 되고 "모든 아이는 모두의 아이"라고 표어를 정했다. 얼마나 멋진 말인가! 이 한마디에 그들의 아동을 바라보는 관점과 철학이 다 담겨 있다. "스웨덴에서 태어나는 모든 아이들은 그들의 부모만 책임을 져야 할 대상이 아니다. 그 아이들은 우리 모두의 아이이기 때문에 우리 모두가 책임을 져야 한다." 이런 의미가 담겨 있다고 볼 수 있다.

우리나라에서는 예전에 대청마루에서 온 가족과 동네사람들이 아이를 키워주었다. 네 아이 내 아이 구분 없이 서로 조건에 따라 젖도 주고 먹을 것도 주면서 함께 키웠다. 대가족의 한 가족 의식과 마을공동체 의식이 있었다. 이제는 핵가족 시대라 그럴 수가 없다. 그 누구의 도움도 받기 어렵고 온전히 부모가 책임져야 하는 상황이 만들어졌다. 이는 출산에 대해 심각하게 고민하는 부부를 양산하게 되었다. 양육을 전적으로 부모의 책임으로만 돌려도 되는 것인가?

아니다. 이제는 부모가 아니라 국가가 책임을 져야 한다. 우리 아이들은 사회적 자산이고 기둥이다. 제대로 된 인력양성에 드는 어마어마한 부담을 부모에게만 지워서는 안 된다. 아이들의 돌봄이 부모의 소득이나 조건에 의해 제약되어서도 안 된다.

우리나라 헌법 제 34조에는 "모든 국민은 인간다운 생활을 할 권리를 가진다"라고 명시되어 있다. 우리 국민에게는 사회권이 있다. 위의 헌법정신에 입각해 국가에게 사회적 권리를 보장해달라고 요구할 권리가 있다는 말이다. 권리로서만이 아니라 국가가 이 상태로 아동정책을 방치하면 나라가 망하게 생겼다. 국가가 나서야 한다. 국가가 보다 근본적으로 책임을 져야 한다.

이제 아이를 낳는 것은 부모이지만 키우는 것은 우리 모두여야 하고 국가여야 한다는 인식에서 출발하자. "아이는 여성이 낳지만 사회가 함께 키운다."

당당하게 자랄 아이들을 위한 제도

아이들이 태어나서 성인이 될 때까지 당당하게 안전하게 자랄 수 있는 환경이 필요하다. 부모의 부담을 사회적으로 나누어지는 제도가 필요하다. 아이들이 자라는 과정에서 정부의 아동정책은 어떤 방향으로 세워지는 게 바람직한지 살펴보자.

먼저 아동수당이다. 우리나라에도 드디어 2018년부터 7월부터 0~5세까지 월 10만 원의 아동수당이 지급되기 시작했다. 어린이집에 아이를 보내지 않는 가정에서 받는 양육수당과는 별개의 수당이다. 세계적 추세로 보면 최소한 16세까지는 적용되어야 하지만 출발점에 섰다는 점에서 매우 반가운 일이고 역사적 사건이다. 아동수당은 우리 아이들의 보편적 인권증진을 위한 것이자 부모들에게 경제적 부담을 덜어주는 효과적인 재분배정책이다.

출발 과정에서는 자유한국당의 반대로 소득상위 10%를 제외한 90%에게 지급되는 것으로 시작되었다. 애초에는 0~5세 모든 아이들에게 부모 소득에 관계없이 100% 모두 지급하기로 한 것이 여당의 안이었다. 그러다가 자유한국당이 입장을 바꾸어 2019년부터는 5세 미만이 취학 전으로, 대상자 소득 하위 90%를 100% 모두로 수정해서 시행하게 되었다. 뒤늦게나마 다행스러운 일이다. 앞에서도 거론되었듯이 소득과 상관없이 모든 대상자에게 지급하는 보편적 방식을 자유한국당이 받아들인 것은 의미 있는 일이다. 본의든 아니면 떠밀려서든 간에 보편적 복지에 대한 일치된 행보를 보인 사건이기 때문이다.

아동수당은 1926년 뉴질랜드에서 최초로 도입된 이래 현재 세계 92개국에서 시행되고 있다. OECD 33개국 중에서 미국, 터키, 멕시코, 한국만이 시행을 하지 않고 있었는데 이번에 한국이 명예스럽게 4개국 명단에서 빠져나왔다. 아동수당을 시행하는 국가들은 소득구분 없이 모든 아이들에게 적용하고 있으며 0세부터 16세 내지는 20세까지를 기간으로 하고 있다. 프랑스는 1932년부터 시작했는데 20세가 될 때까지 아동에게 약 15만 원(2010년 기준)을 지급하고 자녀가 늘어날 때마다 약 19만 원을 추가로 지급한다. 스웨덴은 1948년부터 아이가 16세 될 때까지 약 18만 원(2010년 기준)을 지급했다. 16~18세까지는 학업보조금 형태로 지급된다. 이는 학생 통장으로 직접 아동수당과 같은 18만 원이 지급된다. 학생들의 인격을 존중해서이다. 독립된 개인으로 인정해주고 온전히 학생 자신을 위해 쓰이기를 배려하면서 시행한다. 우리나라도 점차 수당 지급연령을 16~18세까지 확대해나가야 할 과제를 안고 있다.

우리나라 보육료정책은 2012년부터 시행되었다. 2012년부터 0~2세 보육료를 국가가 지원하는 것을 시작으로 해서 이후 5세까지 지원을 확대해왔다. 현 문재인 정부에 들어서 5세까지 보육료 국비 전액지원이 이루어지게 되었다. 보육료도 보편적 지원 방식으로 이루어지고 있다.

이리해서 한국에는 초중고 급식, 아이들 보육료 지원, 아동수당제도가 보편적 방식의 복지제도로 정착되고 있다. 스웨덴에서는 70~80년 전에 시행되던 것이 우리는 이제야 이루어져 아쉬운 부분이 있지만 지금이라도 시행되는 것을 다행스럽게 생각한다.

보편적 복지가 여러 가지 순기능이 있음에도 불구하고 이의 확산을 막으려는 자들이 있다. 바로 사회의 기득권층이다. 이들은 보편적 복지를 경계하여 계속적으로 방해하려 애써왔다. 이유 또한 분명하다. 보편적 복지가 확산되면 복지비용이 늘어나게 되어 있고 이는 세금부담을 가져온다. 그 세금을 더 내야 하는 층의 저항이 있는 것이다. 그러기에 어떻게든지 선별적 복지제도를 만들어 놓으려 애를 쓰는 것이다. 선별 복지와 보편 복지의 대립은 계속될 것이다. 그런데 중요한 것은 보편이 그 영역을 더 넓혀가고 있다는 사실이다.

아이가 사라지고 있다

"정원 미달로 도산하는 대학이 속출한다. 빈집이 빠른 속도로 늘어나 3채 중 1채가 빈집이 된다. 지방의 백화점과 은행이 사라진다. 소멸하는 지방이 늘어난다. 급기야 외국인이 영토를 점령한다."

일본의 인구정책 전문가인 가와이 마사이씨가 향후 20년 내에 생길 수 있는 일본의 잿빛 미래를 예측한 글이다. 일본은 합계출산율(여자가 평생 낳는 아이의 수)이 1.44이다(2016년). 그렇다면 그보다도 훨씬 낮은 한국은 어떻게 된다는 말인가?

2019년 초에 대한민국의 2018년 합계출산율은 0.96이라는 충격적 결과가 나왔다. 대통령 직속 저출산고령사회위원회의 발표 결과이다. 한국의 여성이 평균 한 명도 안 낳는다는 얘기다. 인구 유지에 필요한 2.1에 절반도 미치지 않는다는 결과다. 1.3 미만일 때 초저출산사회라고 한다. OECD 평균은 1.68인데 한국은 꼴찌다. 한때 우리나라의 연 출생아 수가 100만여 명이었던 시절이 있었다. 그러던 것이 2018년에 32만5천여 명의 출생아 수를 기록했다. 인구학 전문가인 조영태 서울대학교 보건대학원 교수는 이대로 가면 1925년쯤 30만 명 선이 무너질 것으로 보았다. 지금 추세로는 그 시기가 더 앞당겨질지도 모른다는 우려가 되고 있다. 2028년경에는 출생아 수보다 사망자 수가 많게 되어 총인구 감소가 시작된다고 한다.

도대체 무엇이 문제인가? "아들 딸 구별 말고 하나 낳아 잘 기르자"고 아이를 덜 낳을 것을 종용하며 목소리 높이던 나라가 이제는 애 안 낳는다고 걱정을 하는 지경이 되었으니 말이다.

우리나라 합계출산율은 1960년 6.0으로 최고점을 찍고 1980~90년대 1.6을 유지하였다. 1997년 IMF 이후 급속히 줄어들다가 이 상황에 이르렀다. 프랑스가 2.08, 스웨덴이 1.88, 일본이 1.4이다. OECD에서 꼴찌이고 전 세계에서도 최하위 수준이다. 다른 각도에서 보면 1995년 15세 이하 인구가 전체의 23%로 65세 이상 5.9%의 4배였다. 2016년부터는 15세 이하 677만 명, 65세 이상 678만 명으로 역전이 시작되었다.

저출산은 많은 문제를 야기한다. 극단적인 예로 영국 옥스퍼드 대학의 데이비드 콜만David Coleman교수의 "한국이 이 상태가 지속될 때 2305년쯤 인구가 소멸될 것"이라는 보고서가 있다. 그것이 다소 과장되고 먼 얘기라 치더라도, 저출산은 당장 생산가능 인구를 감소시킨다. 이는 구매력 높은 노동인구를 감소시킴으로써 생산과 소비 위축을 낳고 경기침체를 가져온다. 저성장, 잠재적 성장률 하락으로 이어진다. 교사 등 관련 직종은 직장을 잃게 되고 아동 관련 사업들은 도산한다. 인구수가 급격히 줄어드는 청년들에게는 자신의 문제도 제대로 해결하지 못 하는 상황에서 고령화와 맞물려 사회적 부담만 가중된다.

결혼 못 하는 사회, 아이 안 낳는 사회

사람들은 왜 결혼하려 하는가? 사랑하는 남녀가 하나의 공동체를 꾸리고 행복을 만들어가기 위함일 것이다. 결혼은 사랑의 완결체이면서 동시에 행복한 인생의 새로운 출발점이기도 하다. 그래서 보통의 청춘 남녀들은 결혼을 꿈꾼다. 그런데 우리나라 청년들이 결혼을 하지 않는다고 난리다. 가족들 간에도 걱정이 많고 국가적으로도 저출산 등의 문제를 야기하면서 심각성을 더하고 있다. 결혼을 하려면 그러한 여건이 마련되어야 하는데 이래저래 그렇지 못하다는 얘기다.

우리나라 청년들은 대학졸업 후 1인 평균 1,200만 원의 학자금 빚을 지고 사회에 뛰어든다. 청년실업의 긴 터널을 거쳐 어쩌다 취직이 되어도 비정규직이거나 계약직이 많다. 해고의 불안 속에서 부당한 처우에 말도 못하고 마음앓이를 하고 있다. 최근 5년간 청년들의 공황장애, 우울증, 알코올중독 증가율이 높아지고 있다고 한다.

2018년 3월 통계에 의하면 2017년 혼인은 26만5천 건이다. 1996년 43만5천 건으로 정점을 찍은 뒤 최저치를 기록했다. 2년마다 발표하는 사회조사에서 20대 가운데 '결혼은 반드시 해야 한다'는 항목에 응답한 비율이 2010년 59.3%에서 2016년 42.0%로 급격히 줄어들었다. 이는 결혼 건수가 앞으로 더욱 줄어들 것이라는 것을 예측해주는 심각한 신호다. 어떤 것을 포기한다는 것은 어쩔 수 없는 여러 사정으로 그만두는 것을 말한다. 어떤 사정들이 결혼에 대한 꿈을 포기하게 만드는가? 여러 요인이 있겠지만 당장의 직접적 원인으로는 '취업난', '주거난' 등을 들 수 있다.

우선은 취직이 쉽지 않다. 청년들의 대학졸업 후 미취업 기간이 평균 22개월이다. 그 기간 알바인생으로 전전긍긍하며 살아간다. 정규직과 비정규직 간의 격차, 중소기업과 대기업 간의 격차가 존재하는 노동시장의 이중구조 하에서는 소위 좋은 일자리는 하늘의 별따기다. 그나마 어렵게 구한 비정규직과 계약직 일자리는 청년들에게 온갖 눈치를 보면서 살아가게 한다. 낮은 소득은 혼자 살아가기에도 **빠듯하게** 만든다. 하물며 번듯한 직장 없이 결혼을 꿈꾸는 것은 참으로 어려운 일이다.

주거난도 심각하다. 청년들에게는 집 대책이 서지 않아 결혼 못하겠다는 의견이 상당하다. 자기 혼자 살기 위해 어지간한 월세방 보증금을 마련하는 것도 만만치 않다. 이것을 마련치 못하면 반지하, 고시원으로 직행이다. 그런 상황에서 결혼을 위해 집을 사는 것은 고사하고 수억 원의 전셋값을 마련하는 것도 평범한 사람들에게는 불가능에 가까운 일이다. 청년들을 절망스럽게 만든다.

위의 두 가지가 결혼을 주저하게 하는 대표적 이유라면 저출산으로 인한 인구감소 현상은 결혼 건수를 절대적으로 줄인다. 결혼의 감소는 저출산으로 다시 연결되는 악순환을 가져온다. 지금 당장 개인의 삶의 질이 보장되지 않는데 결혼을 해서 또 한 명의 생명까지 감당할 수 없다고 생각한다. 출산율의 결과지표는 국민의 삶을 보여주는 거울이라고 할 수 있다. 즉 국민의 삶의 질을 드러낸 결과가 출산율로 나타나는 것이기에 출산율 그 자체만을 들여다본다고 해서 저출산 문제 해결책이 나오지 않는다는 얘기다. 출산율은 목적이 아니라 결과가 되어야 한다.

이와 같이 당장의 '살 집'과 '일자리'의 문제는 결혼과 출산을 망설이게 한다. 당장 자신 혼자 살아가는 것도 버겁다. 저축도 못하고 혼자서 빠듯이 살아가는데 결혼과 이후에 아이를 양육하는 문제까지 생각이 가면 고개를 절레절레 흔들게 된다. 미래에 대한 희망이라도 있으면 연애든 결혼이든 엄두를 내보겠는데 암만 생각해도 앞으로의 일은 깜깜하고 불안하기만 하다. 궁극적으로 삶의 희망이 보일 때 결혼은 자연스러운 일이 될 수 있다. 미래에 대한 안정적 예측이 가능해야 한다. 소위 그림이 나와야 한다. 우리 청년들이 사랑하는 사람과 행복한 결혼을 꿈꾸는 것이 그리 어려운 문제가 아닌 사회가 되어야 한다. 이는 결국은 사회적 안전망으로써의 복지국가에서 해답을 찾을 수밖에 없다. 결혼의 성립 조건은 특정한 한두 문제의 해결만이 아니라 삶의 전 과정이 안정적이고 예측 가능해야 한다. 이러한 나라를 만들 수 있는 것은 복지국가 외에는 없기 때문이다.

결혼을 하지 않는 것도 문제지만 결혼을 한 후에도 아이를 안 낳는다. 한국의 여성은 왜 아이를 낳지 않으려 할까? 가족의 중요성을 모르고 애국심이 없어서? 아니면 자신의 일만 생각하는 이기주의적 경향 때문에? 몸매에 손상을 안 가져오려고?

사실은 많은 사람들이 알고 있다. 아이 낳고 키우기가 힘들어서다. 우리나라는 출산과 양육에 대한 책임이 전적으로 부모에게 있다. 그러다 보니 자녀에 쏟아야 하는 정신적, 시간적, 재정적 비용이 너무 크다. 스스로 감당하기 너무 힘들다. 또한 애를 낳으려면 직장을 그만두어야 한다. 여러 제도가 있기는 하지만 경력단절을 막아주기에는 현실의 직장, 사회적 문화장벽이 높다. 한국에서 아이를 낳는다는 것은 자신의 경제활동 몫과 자아실현을 포기해야 하는 것으로 받아들이고 있다. "맞벌이 안 하면 먹고사는 게 힘들다. 아이를 낳으면 현실적으로 직장을 그만두어야 하는데 어떻게 애를 낳으란 말이냐?"라고 많은 여성이 마음속으로 절규하고 있다.

근본적이고 특단의 조치들이 필요하다. 한국의 정부와 사회 각계각층에서 저출산이 국가의 위기를 가져온다고 호들갑 떨면서 문제제기를 하고 이런저런 시도를 한 지 20여 년이 지났다. 하지만 해결이 되지 않고 있다. 가족의 중요성을 일깨우는 계몽교육이나, 결혼을 위해 미팅을 주선하는 것. 셋째 아이부터 주는 출산장려금 등으로는 결혼이나 출산 문제를 해결할 수 없다.

임신과 출산은 대개 여성이 결정한다. 물론 부모가 합의해야 가능하다. 하지만 현실적으로 육아의 부담을 온통 떠안아야 하는 여성의 결단이 더 크게 작용한다고 보는 것이 맞을 것이다. 그렇기에 출산율을 높이려면 여성이 망설이지 않게 해야 한다. 여성들은 아이출산 문제를 놓고 무엇을 고민할까?

최근 한국보건사회연구원에서 조사한 아이를 낳지 않는 이유에 대한 응답조사를 보자. 양육·교육비 부담 60.2%, 소득·고용불안정 23.9%, 일·가정 양립 어려움 7.2%, 가치관의 변화 7.5% 순으로 답했다. 경제적인 이유가 가장 크고, 고용불안과 일·가정 양립 문제 등이 대부분을 차지했다. 고용불안정과 일·가정 양립은 상호연관된 말이기에 이 원인이 30% 정도 된다. 결론적으로 경제적 어려움과 일의 지속성 보장 문제가 실질적으로 해결되어야 한다는 얘기다.

저출산 관련 글들을 보면 여성들의 가치관 변화를 가장 큰 원인으로 지적하는 경우를 간혹 볼 수 있다. 출산·육아보다 개인생활을 즐기는 것과 자아실현에 중점을 둔다는 것이다. 그러나 이는 다분히 주관적이고 자의적인 생각이라는 것을 위의 조사는 보여주고 있다. 출산과 개인생활 및 경제생활, 자아실현이 동시에 실현될 수 없는 현실이 문제인 것이지 그러한 욕구 자체가 잘못된 것은 아니기 때문이다. 여성의 가치관 변화가 문제라고 진단한다면 해결책도 잘못된 여성의 가치관만 바꾸면 출산 문제는 해결되는 것으로 결론 난다. 너무나 비현실적이다.

여성이 출산을 망설이지 않게 하기 위해서는 다음과 같은 걱정에 답해야 한다고 생각한다. "아이가 결혼할 수 있을 때까지 우리 부모가 경제적 뒷받침을 제대로 할 수 있을까?", "1년 육아휴직기간 후 직장에 자연스럽고 안정되게 복귀할 수 있을까? 이후에도 아이 키우고 일하는 것을 같이 하기에 지장이 없을까?"

아이도 키우고, 일도 하고

현재의 심각한 저출산 현상과 정책성과를 보면 2006년부터 5년 단위로 정부가 마련한 저출산고령화사회위원회의 기본계획 등 대부분의 저출산 대책이 '무용지물'이었다는 것을 입증한다. 120여조 원을 쏟아부었는데도 말이다. 문재인 정부는 2018년에 저출산 대책에 있어서 기존의 '출산독려'정책에서 '삶의 질 개선과 양성평등'으로 기조를 바꾼다고 발표했다. 방향이 옳다고 생각한다. 출산을 하지 않는 근본적 문제가 있는데 출산만 강조한다고 저출산 문제가 해결될 리가 없다. 문제는 구체적 대책과 과감한 실천이다.

 심각한 위기의식을 느껴야 하고 근본적 대책이 요구된다. 그동안은 대중요법이나 비현실적 정책이 많았다. 여러 지방자치단체에서 저출산 대책을 다양하게 내놓고 있다. 10여년 전에 어느 기초자치단체에서 "다섯째 아이를 낳으면 대학등록금을 지급하겠다"는 대책을 내놓은 적이 있다. 이 황당한 대책에 어안이 벙벙하고 실소를 금할 수 없었던 기억이 난다. 예산 때문에 내놓은 궁여지책일 수는 있다. 아무리 그래도 그렇지 이건 너무하다는 생각이 들었다. 다섯째 아이의 등록금을 위해 네 명의 아이를 먼저 낳을 부모가 어디 있단 말인가? 비현실적이고 보여주기식 정책의 표본이라는 생각을 했다.

출산장려금과 관련된 에피소드 한 가지를 더 들겠다. 나는 기본적으로 출산장려금 정책이 저출산 대책에서 약간의 영향은 있을지언정 본질적이라거나 중요한 처방이라고 생각지 않는다. 그런데 지방자치단체에서는 정부와 달리 예산의 한계도 있고 자신들이 할 수 있는 조건에서 대책을 찾다 보니 출산장려금 방안이 다양하게 나온다. 어느 정도 효과를 발휘하는 경우도 있다. 2018년 지방선거를 치르면서 더불어민주당 안산시 공약을 세우는 데 직접 관여한 적이 있다. 당시에 안산은 2018년부터 첫째에게 50만 원, 둘째 100만 원, 셋째 300만 원, 넷째 1,000만 원의 정책이 시행되고 있었다. 전에는 그것보다도 훨씬 적었다. 이웃의 수원은 첫째는 없고 둘째 50, 셋째 200, 넷째 500만 원이었다. 부천도 첫째가 없고 둘째 100, 셋째 200, 넷째 1,000만 원이었으니 기초지방정부들의 정책이 대동소이하다고 볼 수 있다.

같이 논의하던 한 담당자가 "안산의 출산장려 공약을 예산 문제도 있으니 셋째 아이를 낳는 부모에게 300에서 500만 원으로 올리면 어떠냐"는 의견을 냈고 동의하는 사람이 많았다. 나는 생각이 달랐다. 요즘 젊은 부부들은 셋째가 아닌 둘째 아이를 '낳을 건가 말 건가'를 고민한다. 첫째의 출산부터 고민하는 경우도 많다. 그런데 셋째에게 큰 선물을 준다는 것은 '눈 가리고 아웅'하는 격이라 할 수 있다. 정책성과의 현실성이 떨어진다. 나는 "내 마음 같아서는 첫째부터 크게 올리고 싶다, 예산 현실성을 감안한다면 둘째부터 300만 원을 지급하고 셋째, 넷째 모두 둘째와 같이 300만 원을 지급하자"고 수정 제안을 했다. 셋째, 넷째의 장려금 예산을 줄이고 차라리 그 돈으로 둘째에 돌리는 게 정책효과를 높일 수 있다고 판단했다. 둘째 출산 여부에 대한 고민은 대부분 젊은 세대의 보편적 고민이다. 그러나 셋째, 넷째 출산의 경우에는 경제적 문제가 아닌 자신들만의 특별한 사정들로 기인하는 경우가 많다. 나의 제안이 반영된 방향으로 공약이 세워진 기억이 있다.

다시 본론으로 돌아가서 출산을 앞둔 부부들의 고민, 즉 일·가정을 다 지키는 양립의 문제와 아이를 키우는 데 지장 없는 경제적 안정의 문제를 살펴보자.

내가 생각하는 가장 본질적이고 핵심적인 저출산 대책은 '일과 가정을 병행하는 것', 더 구체적으로 '일과 아동양육을 병행하는 것'이다. 물론 아이를 낳으려면 자신들의 전체 삶의 안정성도 매우 중요하다. 다만 우선적으로 반드시 당면하게 해결되지 않으면 안 되는 필수 요건이 바로 '일과 가정의 양립'이다. 이 문제가 해결되지 않으면 그 어떤 해결책도 의미가 없다는 생각이다. 이를 위해서는 출산휴가 및 유아휴직제도의 성공 여부에 달렸다. 특히 여성의 고용보장 문제가 중요하다. 이를 위한 해결책을 살펴보자.

첫째, 현재 출산휴가 및 육아휴직제도는 고용보험 가입자에게만 이용 가능하다. 비정규직 여성근로자 대다수는 고용보험에 가입되지 않아 혜택을 볼 수가 없다. 육아휴직은 모든 직장 여성이 이용할 수 있는 제도로 안정화되어야 한다. 우선은 여성의 보험가입률을 높이기 위한 다각적 대책이 요구된다. 국가와 지방정부는 영세 자영업자와 비정규직, 임시직에 대한 국가의 대대적인 보험료 지원이 요구된다. 그리고 그것이 정착되기 전이라도 국가가 나서서 비보험자가 육아휴직 수당을 받을 수 있도록 일정 정도 비용을 부담하는 시스템을 시급히 갖춰야 한다.

둘째, 육아휴직 급여의 현실화가 요구된다. 소득대체율이 획기적으로 높아져야 한다. 육아휴직은 2011년부터 남녀 각각 1년씩의 휴직기간이 보장되었다. 여성들이 이제야 50%를 갓 넘는 정도의 이용률을 보이고 있다. 남성들의 이용실적은 여전히 미미하다. 휴직수당은 통상임금의 40%(상한 100만 원, 최저 50만 원)가 보장되었다. 그러던 것이 2017년 9월부터 첫 3개월 동안 통산임금 80%(상한 150만 원)로 지급되었다. 불과 10여년 전만 해도 상상하기 어려웠던 일들인데 장족의 발전을 이루어냈다. 그렇지만 아직 갈 길이 멀다. 우리가 적당한 수준에서 주관적으로 만족한다고 해서 문제가 해결된 것은 아니기 때문이다. 그 정도로 출산의 결단을 이끌어내기에는 한참 미흡하다는 얘기다. 여전히 급여 수준은 선진국에 비해 턱없이 낮다. 노르웨이가 100%, 스웨덴 80%이다. 우리의 통상임금 40% 수준으로는 맞벌이가 아니고서야 어려움에 처할 수밖에 없다. 그러기에 한부모 가정이나 빈곤 가정인 경우에는 육아휴직 수당으로 생활을 꾸리는 것이 여전히 엄두가 나지 않는다. 쉽게 아이 낳을 생각을 못 하는 것이다. 국가가 최저한도 보장 급여 수준을 더욱 높여야 한다.

셋째, 유아휴직으로 인한 업무 공백의 부담을 덜어주는 제도가 필요하다. 교사의 경우에는 기간제 교사제도가 있다. 이 제도를 활용하여 출산 및 육아휴직으로 인한 업무 공백의 방지를 이루고 있다. 국가의 지원으로 추가적 교사 충원의 기회, 신규 교원들에 대한 교육의 기회를 만들고 있다. 기간제 교사제도의 형태를 공공기관과 공기업뿐만 아니라 민간 기업에도 전면 확대하는 것이 필요하다. 외국에는 육아휴직 급여는 조세로 국가가 지급하거나 보험으로 처리하고 민간 기업은 신규 대체인력 고용비용에 활용하는 경우도 있다. 10%의 잉여인력을 고용하여 상시적 투입 조건을 형성하는 것이다. 이는 대체인력을 양성하는 기능을 한다.

또한 직장 복귀와 적응을 가로막는 여러 장애물을 제거해주어야 한다. 다시 직장에 돌아갈 때 업무나 승진의 불이익 없이 정상적 활동을 가능하게 하는 문화와 제도가 조속히 마련되어야 한다. 휴직을 자연스레 받아들이는 문화를 만들기 위해 당근과 채찍을 적절히 활용해야 한다. 출산 가능성이 있는 여성에 대한 취업상 불이익, 업무 복귀 후의 의도적 불이익 행위에 제재를 가할 수 있는 법적 뒷받침이 요

구된다. 출산 친화적 기업에는 다양한 국가적 지원제도가 요구된다.[1]

넷째, 남성의 육아휴직률을 높이기 위한 대책도 시급하다. 여성들의 "왜 나만 책임져야 하느냐?"는 항변에 귀를 기울여야 한다. 여성도 같은 경제활동인구이다. 여성이 회사에서 경력단절로 인한 불이익이나 우울증 등이 생기는 것을 해결하려면 남성이 함께 해야 한다. 여성만이 육아휴직을 다 쓴다고 가정하면 여성의 휴직기간은 그만큼 길어질 것이다. 그러면 당장은 회사 내의 승진 경쟁에서 불이익이 생길 것이다. 또한 근무 기간이 줄어듦으로써 국민연금 불입 기간이나 보험액도 줄어들어 노인이 되었을 때 연금 수급액이 적어지는 것은 당연해진다.

우선은 남성의 휴직 급여 수준도 선진국 수준인 80% 정도로 높여야 한다. 생활의 안정은 최우선 남성휴직의 충족사항이 되어야 한다. 또한 상사의 눈치를 보지 않고 당당히 육아휴직 신청을 할 수 있는 환경을 마련해주어야 한다. 아직도 "무슨 남자가 남사스럽게 육아휴직이야?" 이런 말 듣는 게 자연스러운 분위기다. 이는 저출산 문제가 우리나라 경제에 있어서나 생존을 위해 얼마나 중요한지, 특단의 조치가 없이는 해결 불가능한 것인지를 아직도 인식하지 못해서 나오는 현상들이다. 이러한 인식을 할 수 있는 교육과 캠페인, 경우에 따라서는 좀 더 강한 제도적 장치가 요구된다. 그래야 보다 바람직한 사회문화가 형성될 것이기 때문이다.

아이를 제대로 키울 수 있는 사회경제적 조건의 문제를 살펴보

자. 자식 한 명을 낳아 대학 졸업시킬 때까지 드는 돈이 얼마나 될까? 2013년 보건복지부와 한국보건사회연구원이 조사한 바에 의하면 3억 원이 든다고 한다. 영아, 유아기에 7,500여만 원, 초등학교 7,500만 원, 중고등학교 9,000만 원, 대학교 7,700만 원. 입이 딱 벌어지는 결과다. 이 수치를 보면 아이 낳고 싶은 생각이 없어질 만하다.

　출산의 사회경제적 여건을 갖추는 근본적인 원인요법이 요구된다. 가장 먼저 생각해야 할 것은 국가가 국민들이 맞닥트린 삶의 어려움을 해결해줄 수 있어야 한다. 아이를 낳아 키울 수 있는 안정된 조건을 마련해주어야 한다. 우리 모두가 함께 키운다는 사회적 의식과 정부의 제도가 뒤따라야 한다. 삶의 전 과정에 대한 치밀한 맞춤형 복지가 요구된다. 출산, 보육, 교육, 주거, 취업, 의료, 노후보장 등 전반에 대해 어떤 악조건에서도 기본적인 인간다운 생활을 할 수 있도록 국가가 안전장치를 마련해야 한다. 이러한 장치를 통해 미래가 안전하다고 느끼게 되면 결혼과 출산은 그 결과물로 뒤따르게 될 것이다. 사회안전망은 물론 방대한 일이고 어려운 일이지만 이러한 관점을 갖지 않고는 언제나 실패로 끝나는 대책밖에 나올 수 없다고 생각한다. 이를 위한 합리적 세금정책이 뒤따라야 한다는 것도 당연하다.

　아이를 낳아도 행복해지게 하려면 한마디로 '국가가 나서서 아이의 양육비를 낮추고, 여성의 사회적 진출을 대폭 지원해야 한다.' 가정친화적, 여성친화적 환경을 가장 잘 갖추고 있다고 평가받는 스웨덴부터 살펴보자.

　우리는 앞에서 아그네사의 일상을 통해서 유아휴직 기간의 모습을 볼 수 있었다. 거기에 더해 몇 가지를 살펴보면, 스웨덴에서는 임신했을 때부터 출산할 때까지 모든 병원비용을 국가가 부담한다. 임신 후 있을지 모르는 우울증 치료까지 포함해서이다. 직장을 다니던 엄마는 아빠와 합해서 480일간의 유급 육아휴직이 보장된다. 부모 한 쪽이 60일 이상은 의무적으로 사용해야 한다. 아빠가 2달 이상 사용하지 않으면 엄마는 420일간만 휴직을 이용해야 한다. 급료는 평균임금의 80%를 받는다.

　교육비에 있어서 어린이집, 유치원 보육료는 93%가량이 국가부담이다. 중고등학교, 대학은 학비가 전액 무료이다. 대학생에게는 학비는 면제된 상태에서 매달 39만 원 정도의 학자보조금이 지급된다. 스웨덴은 이러한 정책을 1930년대부터 시작했다. 당시 돈이 많아서 시작한 건 아니다. 부족해도 꼭 필요하다는 확고한 생각에서 다른 것보다 우선적으로 조금씩 시작했다.

　이 정도면 부모들이 아이를 낳을 용기를 낼만 하지 않을까? 스웨덴은 아이를 낳아 대학 졸업시킬 때까지 부모의 경제적 부담을 대부분 국가가 떠안는다. 아이는 부모의 소득과 무관하게 원하는 학업을 할 수 있다. '모든 아이는 우리 모두의 아이'라는 국가철학이 확고하기 때문이다. 거기에 국민들이 동의하기 때문이다.

　대한민국도 중장기적으로 현재의 취학 전 아동수당제도를 18세까지 기간을 확대해야 한다. 고등학교는 의무교육으로 하고 대학은 무상등록금제도로 가야 한다. 이는 당장은 저출산 문제를 해결하는 방법 중의 하나이기도 하지만, 더 나아가서는 우수한 인재 양성을 통한 국가경쟁력을 높이기 위한 고도의 성장 전략이 된다는 것도 명심하자.

저출산 문제 해결책에 있어서 또 한 가지 고려해야 할 문제가 있다. 비혼자, 즉 동거커플에 대한 비차별적 지원이다. 결혼에 대한 확신이 서기 전 예비단계 성격으로 동거하는 청년들이 있다. 또는 결혼으로 인한 속박을 받지 않으려 결혼하지 않고 동거만 하려는 경우도 있다. 유럽은 그러한 경우가 상당하지만 우리나라는 아직 비율이 낮다. 그런데 점점 증가하는 추세이다. 이들 청년세대에 대한 사회적 배려도 필요하다. 도덕적 잣대만 들이밀어서는 청년세대와 소통하고 협력할 수 없다. 진선미 민주당의원은 '생활동반자법' 제정을 추진 중이라 한다. 동거커플들이 기존 가족관계와 마찬가지로 법률적 보호를 받을 수 있도록 하는 내용이다.

프랑스는 1999년부터 '생활동반자법'을 시행했다. 프랑스는 비혼출산율이 56.7%에 이른다. '생활동반자법' 시행 이후에 프랑스는 합계출산율이 1.7 정도로 떨어졌던 것이 2.08로 급상승했다. 우리나라의 비혼출산율은 OECD에 따르면 1.9%(2014년)로 아직 미미하다. 법률혼에 기반한 전통적 가족형태, 비혼 부부에 대한 사회의 부정적 시선 등의 이유가 있을 것이다. 혼외출산율은 OECD 평균

39.9%이다. 출산율이 2.08인 프랑스는 56.7%, 출산율이 1.88인 스웨덴은 54.6%이다. 혼인 출산보다도 혼외 출산비율이 더 높다. 이들 나라는 다양한 가족의 형태를 포용하는 문화가 있다. 그리고 비혼 가정에서 태어난 아이들에 대한 사회적 지원에도 차별을 두지 않기에 이러한 비혼출산율이 가능한 것이다. 우리가 비혼 출산을 장려할 필요는 없지만 비혼 출산에 대한 배타나 출생아에 대한 차별은 없어야 할 것이다. 이는 앞으로의 시대 흐름에도 대비해야 하고 저출산에 대해 진지하고 심각하게 해결책을 마련해야 하기 때문이다.

모든 아이를 우리 모두가 공동으로 품고 책임질 수 있을 때, 그 아이는 개인으로서가 아니라 한 공동체의 책임감 있고 원대한 꿈을 꾸는 행복한 아이로 자라날 것이다. 그 길은 아이의 엄마가 직장에서 지속적으로 자아실현을 하면서도, 아이를 돈 걱정 없이 잘 키울 수 있는 환경을 국가가 만들어내는 것이다.

02
아파도 걱정 없는 세상

건강보험 하나로

우리가 살면서 서러운 것 중 하나가 아플 때이다. 게다가 돈이 없어 치료를 제대로 못 받는다면 그 심정은 어떻겠는가? "돈이 없어 치료를 받지 못해 죽는 국민이 있는 나라는 나라도 아니다." 노무현 전 대통령이 한 말이다.

우리나라가 선진국 문턱에 있다고 하지만 아직도 주위에는 치료비 걱정으로 큰병 치료를 포기하시는 분들이 많다. 특히 노인층에서 그렇다. 그나마 서민층에게는 건강보험제도가 위안이 되었다. 그것이 없었다면 저소득층은 병원에서의 기본진료조차도 포기했을지 모른다.

우리나라 국민건강보험은 20여 년이라는 짧은 기간에 발전한 훌륭한 제도이다. 모든 국민이 가입되어 혜택을 볼 수 있다는 점과 건강보험이 한 조직으로 통합되어 있다는 점에서 그렇다. 1977년 550인 이상 사업장 적용을 시작으로 강제가입의 법적의료보험제도가 처음 도입되었다. 1999년 모든 의료보험조합을 하나로 통합하는 '국민건강보험법'이 통과됨으로써 기본구조가 완성되었다.

미국은 '식코Sicko'라는 영화에서도 극명히 보여주었듯이 인구의 약 15%인 5,000만 명이 의료보험 혜택을 전혀 받지 못 하는 사각지대에 있다. 미국은 노인의료보험 등 공적의료보장을 받는 인구가 30%에 불과하다. 나머지는 개인이 알아서 감당해야 한다. 중산층이라 해도 큰병이 걸리면 천문학적 의료비로 인해 파산하는 경우가 비일비재하다. 오바마가 오죽하면 한국이 부럽다고 하면서 건강보험 개혁에 매진했겠는가?

국민건강보험은 기본적으로 좋은 제도이긴 하지만 내용을 들여다보면 개선되어야 할 중요한 몇 가지 문제점이 있다. 대표적인 것이 의료보장성이 낮다는 것이다. 우리나라는 약 63%의 보장성을 갖고 있다. 즉 총 의료비 중 건강보험에서 63%를 감당해준다는 뜻이다. OECD 보장성의 평균은 81%이고 유럽 선진국들은 90% 전후이다. 비급여, 즉 MRI, 상급병실, 간병 등 건강보험급여 대상이 되지 않는 영역이 17% 정도 된다. 정부는 점차적으로 비급여의 급여화를 추진 중에 있다. 그렇지만 여전히 중증, 장기입원 등의 경우에는 엄청난 비급여 청구서가 날아들기도 한다.

이런 불안정성으로 인해 국민들은 너나 할 것 없이 민간의료보험에 가입한다. 한국은 약 77%의 가구가 민간보험에 가입해서 월 평균 28만 원의 보험료를 내고 있다. 국민건강보험료의 월 평균이 10만 원인데 말이다. 이중의 부담이자 고통이다. 유럽 복지국가들이 민간보험 가입자가 평균 5% 이하인 것을 보면 우리는 분명 비정상적이다.

그렇다면 우리의 갈 길은 무엇인가? 목표는 명확하다. 민간보험 없이 국민건강보험 하나만으로 부담 없이 치료를 받을 수 있는 나라를 만드는 것이다. 비급여 영역을 대부분 급여로 전환해야 한다. 건강보험 보장성을 OECD 평균인 80% 수준으로 높이고 국민 1인의 연간 최대 부담액을 100만 원 이하로 낮출 수 있는 상태가 되어야 한다. 문제는 재정이다. 일정한 보험료의 인상은 필수 불가결하다. 지금 우리나라는 '저부담-저급여'의 의료보장체계인데, 이를 '적정 부담-적정 급여'체계로 전환해야 한다. 유럽 복지국가들이 소득의 12%를, 그리고 이웃 나라인 일본과 타이완이 소득의 8.5%를 건강보험료로 낸다. 거기에 비해 우리나라는 소득의 6.24%(2018년)를 건강보험료로 납부하고 있다.[2]

전문가들에 의하면 우리나라는 1인당 1만 원, 가구당 약 3만 원을 인상하면 건강보험 하나로 의료비 해결이 거의 가능하다고 한다. 이 부담은 민간보험 가입의 필요성이 줄어들거나 없어지면서 충당할 수 있을 것이다.

현재 문재인 정부는 국민의 의료비 부담을 줄이기 위해 많은 노력을 하고 있다. 2017년 8월 9일 중요한 의료비 개혁을 발표했다. 22년까지 대부분의 비급여 부분을 급여로 전환시키겠다고 했다. 현재 서민들에게 가장 고통을 주는 의료비가 비급여 병원비다. 그 발표 이후 2018년부터 연간 본인부담상한액이 낮아졌다. 즉 보험료로 충당되는 의료비 외에 본인이 부담해야 하는 의료비가 아무리 많이 나와도 1년에 일정액을 상한으로 두고, 그 이상이 나오면 보험공단에서 지급해준다는 내용이다. 소득 기준 1분위가 기존 연간 본인부담상한액이 122만 원에서 80만 원으로, 2~3분위 가구의 경우 기존 153만 원에서 100만 원으로, 4~5분위 가구는 기존 205만 원에서 150만 원으로 낮아졌다. 그리고 그동안 30~60%를 차지했던 중증 치매환자의 본인부담률이 10%로 낮아졌다. 건강보험의 보장성을 높이는 획기적 조치였다. 단지 이를 기존 건강보험 적립금 20조 원 중 10조 원과 국가지원금 등으로 충당하려는 계획이라고 발표했다. 별도의 예산이 아니라 적립금을 가져다 쓴다고 하니 재원 마련의 불안정성이 보였다. 좀 더 정교하고 안정적인 예산계획이 요구된다.

어쨌든 의료비로 연간 500만 원 이상을 지출하는 국민이 46만 명에 달한다고 한다(국민건강보험공단 2018.2). 기초생활수급자 중에 상당수가 이 의료비 부담으로 인해 가정 경제가 파탄 났다는 보고서도 있다. 국민들이 의료비로부터의 고통을 덜고 안정적 생활을 영위하기 위해서는 일정 정도의 보험료 인상으로 실질적인 '건강보험 하나로' 시대를 열어야 할 것이다.

공공의료의 확대와 사회 안정

지난 2017년 10월 24일 서울시에서는 전국 최초로 공공보건의료재단을 출범시켰다. 13개 시립병원과 25개 보건소를 총괄하면서 의료서비스를 치료 중심보다 예방적 건강관리체계를 더 강화하기 위함이라고 밝혔다. 또한 감염, 재난, 응급 등 민간에서 기피하는 필수 의료서비스도 확대한다고 했다.

당시 이 소식을 접하면서 두 가지 생각이 났었다. 하나는 2015년의 메르스 사태다. 세계적 수준의 민간병원인 삼성서울병원이 감염병 퇴치의 선도적 역할을 하기는커녕 오히려 메르스 사태의 온상이 되었다. 더 큰 문제는 감염병에 대비하기 위해 필수적인 음압병실이 하나도 없었다는 충격적인 사실이다. 한마디로 음압병실은 돈이 안 되기 때문이다. 반면에 서울시, 경기도를 중심으로 한 전국의 시립, 도립병원을 비롯한 국립병원들이 그나마 음압병실을 갖추고 제대로 환자 치료를 해냈다.

또 하나는 2013년 경남도립병원인 진주의료원을 폐쇄했던 사건이다. 당시 홍준표 경남지사가 적자가 많이 발생한다며 강행한 사건이다. 단지 경영효율성이라는 측면만 생각하고 한 조치다. 도민들

중에서도 약자의 건강을 책임지는 도립병원이 공공성을 우선적으로 생각하다 보면 적자가 날 수 있다. 아니 적자가 나는 것이 당연하다. 적은 병원비를 받고 양질의 의료서비스를 제공하니 적자가 날 수밖에 없다. 이는 사회의 공공성과 정의를 살리기 위해 우리가 공감대를 가지면 감당할 수 있는 일이다. 그러나 홍준표 전 지사는 이런 가치를 부정하고 기업의 효율성이라는 잣대로만 도립병원을 대했다. 하루아침에 4백50여 명의 직원과 환자들이 쫓겨났다. 비급여 부담을 경감해주는 등 의료 소외계층의 기댈 언덕이었던 거점 공공병원이 사라졌다.

두 가지 사건을 경험하면서 국민들은 생각했을 것이다. 의료의 공공적 성격이 얼마나 중요한지, 의료가 경제성만 생각해서는 안 되는지를 말이다. 그 어떤 다른 분야보다도 의료서비스가 민간 주도형으로만 이루어질 때 여러 문제를 발생시킨다.

우선, 민간의료는 수익성을 중심으로 운영되기에 의료재난 상황 등에 제대로 대응을 하지 못한다. 또한 질병과 의료를 둘러싼 정보와 지식의 불균형(정보의 비대칭)으로 인해, 환자는 심신이 약해져 있는 상태에서 정보도 부족하기에 우월적 지위에 있는 의사의 말에 따르게 마련이다. 그로 인해 과잉진료, 과잉치료 등의 문제를 야기하기도 한다. 서비스의 질 저하와 의료비 부담이 따르는 것은 물론이다

이러한 이유들로 인해서 공공의료서비스의 필요성이 대두된다. 그리고 의료 분야에 대한 국가의 적절한 규제와 개입은 정당성을 갖

는다. 우리나라의 공공의료기관 수는 전체의 5.7%, 공공병상으로는 9.5%에 불과하다(2013년). 선진 유럽국가들은 70~80% 수준이다. 장기요양시설의 국·공립 비중은 2.2%이다. 공공의료의 공급 수준이 너무 낮다. 국민의료비 지출 중 공공지출의 비율은 55% 정도로 OECD 평균 73%에 한참 못 미치는 하위 수준이다.

국민의 건강권을 높이기 위해서는 공공의료기관을 대폭 확충해야 한다. 또한 공공의료서비스 일자리도 확대해야 한다. 공공의료기관의 확대는 우선 감염병 등 국민 건강재난에 대비할 수 있다. 그리고 일반 국민들에게 과잉진료 등을 막고 의료비 부담을 줄일 수 있다. 또한 공공의료기관에서 근무하는 종사자들에게는 안정된 급료와 근무 기간이 보장됨으로써 전문성을 높이고 환자에 대한 서비스 질을 높일 수 있다.

병원, 요양원의 간호사, 간병, 요양보호사 등의 공공의료서비스 일자리가 확대되면 정부의 실업대책에도 기여한다. 의료 분야에 교육, 보육을 포함한 우리나라의 서비스 일자리는 약 13%인 데 비해서 스웨덴은 31%이다. 우리가 공공사회서비스 고용을 확대하면 전체 경제의 소비력을 높임으로써 경제 활성화에도 기여하게 된다. 선순환 구조가 되는 것이다. 공공의료서비스를 지속적으로 확대해서 국민 건강행복시대를 앞당겼으면 한다.

질병이라는 위험으로부터 국민을 보호하는 길은 그 해결을 환자와 가족의 책임으로 미루지 않고 국가가 끌어안고 보호하는 것이다.

공적 국민건강보험으로 모든 질병을 개인부담 없이 해결할 수 있는 구조를 만드는 것이다.

03
타인과 공존하는 교육, 행복한 교육

교육과 일자리

우리나라에서 교육 문제만큼 핫한 이슈도 없다. 교육은 개개인의 삶에 큰 영향을 미치기도 하고, 범위에 있어서도 거의 모든 국민과 연관성이 있기 때문이기도 하다. 나라 입장에서는 자원도 부족한 현실에서 인적자원에 대한 투자와 성과는 나라의 운명이 걸린 사활적 문제이기도 하다. 일반 국민들은 계층 상승을 위한 사다리가 교육이라고 생각한다. 물론 예전처럼 "개천에서 용 나는 시대"는 지났다고 한다. 입시도 부모가 가진 경제력과 사회적인 위치에 따라 좌우하는 시대라고 하기 때문이다. 하지만 보통사람들에게는 성공을 위한 별다른 방법이 없으니 자식이 조금만 가능성이 보이면 자식의 일류대 진학에 목숨을 건다.

얼마 전 인기리에 방송된 'SKY 캐슬'에서는 전문직 부모들의 욕망을 다뤘다. 자신이 소위 일류대학을 가서 의사, 판사, 변호사 등으로 성공했기 때문에 자기 자식들도 무슨 수단을 써서라도 보내려고 하는 모습을 그리고 있다. 자신들이 사업하는 사람처럼 그 직을 물려줄 수는 없기 때문이다. 입시를 그들만의 리그로 만들어서 상당한 성과를 내기도 한다. 재벌들도 교육에 큰 관심을 갖는다. 그러나 꼭 일류대학 보내는 것에 사활을 걸지는 않는다. 그들은 돈으로 유학을 보낼 수 있어서이다. 학력을 잘 포장할 능력이 있다. 또한 학벌에 상관없이 어차피 기업을 자식에게 물려줄 것이기 때문이기도 하다.

온 국민이 교육에 관심을 갖고 있고 교육을 잘 시키는 것은 우리의 미래를 만드는 일이기에 매우 중요하다. 교육을 잘 받는 것은 아이들의 인권이란 점에서도 매우 중요하다. 그런데 한국의 교육은 부모들의 자식 출세 욕구로 인해 초중고 교육이 좋은 대학을 가기 위한 수단화하는 데서 모든 문제가 꼬이기 시작한다. 부모 탓으로만 돌릴 수도 없다. 좋은 일자리와 나쁜 일자리의 구별, 임금 격차가 큰 한국 사회의 구조 속에서 부모들의 욕구는 당연히 그렇게 흐를 수밖에 없다고 생각한다. 그렇다면 무엇이 문제이고 어디서부터 풀어야 할 것인가?

OECD에서 2000년부터 3년마다 시행한 만 15세 학업성취도평가인 PISA의 결과를 보면 핀란드가 항상 1위를 하고 한국은 2~4위권을 유지하고 있다. 한국이 우수한 성적을 내기는 했지만 OECD 책임자의 말은 우리를 부끄럽게 만든다. "핀란드는 학생에 대한 지원에 중점을 두는데 한국은 경쟁을 무기로 하고 있으며, 핀란드 아이들이 즐겁게 공부하는 데 비해, 한국의 아이들은 행복해하지 않고 공부의욕이 낮다"라고 했다.

한국의 10대 학생들은 10만 명당 약 6명이 매년 자살한다. 청소년의 사망원인이 10여년 전까지는 교통사고가 사망원인 1위였는데 2009년부터는 자살이 1위다. 자살률이 OECD에서 중상위권에 속한다. 심각한 건 매년 증가율이 50%대로 높은 수준을 보이고 있다는 점이다. 자살을 시도한 청소년들의 설문을 보면 성적 비관, 부모의 성적 압박이 26%이고 우울증이 20%로 그 뒤를 잇는다.

한국의 대학생들은 등록금과 생활비에 짓눌려 알바인생으로 전전긍긍하고 있다. 인생의 목표를 세우고 자신의 전공에 심취해야 할 시기에 노동에만 시달리는 것이다. 적절한 아르바이트는 여러 가지로 긍정적인 면이 있지만 살기 위해서 거기에만 매달리는 삶은 학생들을 피폐하게 만든다. 대2병이 있다고 한다. 대학에 들어와 전공 공부를 하면서도 '자신이 무엇을 원하는지', '자신이 무엇을 잘하는지'를 몰라서 방황하고 휴학이나 전과를 고민하며 산다. 고등학교 때 자신의 적성과 꿈에 대해 진지하게 생각해볼 겨를도 없이 오로지 일류대와 인기학과만 바라보고 달려온 결과이다. 취업에 자신이 없는 학생들은 계속 스펙 쌓기만 한다.

이제 우리 어른들이 진지하게 묻고 대답할 때가 되었다. "한국의 교육시스템은 우리 청소년들에게 행복한 교육인가?", "우리사회에 필요한 제대로 된 인적자원을 양성하고 있는가?"

사실 우리 교육의 방향은 많은 공감대가 형성되어가고 있다. 그동안의 시행착오 과정과 문제점 노출 속에서 전문가들의 의견이 모아지고 있다. "경쟁교육, 서열교육을 지양해야 한다. 모든 인간이 고유한 재능과 적성을 발굴하고 육성하도록 개발시켜주는 것이 교육의 본질적 임무이다."[3]

문제는 문제해결이 교육현장에서 이루어지지 않는다는 데 있다. 교육 문제가 교육정책 그 자체로 해결이 안 된다는 얘기다. 왜일까? 경쟁교육, 서열교육은 결국 일자리 양극화의 산물이기 때문이다. 10%의 좋은 일자리와 90%의 나쁜 일자리로 양극화된 노동시장이 문제의 본질이기 때문이다. 한국은 대기업, 공무원, 전문직의 좋은 일자리와 그 외의 일자리로 양분되어 있다. 임금 격차가 엄청나게 벌어져 있다. 그런 현실에서는 좋은 일자리를 구하기 위한 경쟁교육이 이루어지는 것은 어쩌면 당연한 것인지도 모르겠다. 교육이 아니라 전쟁이 이루어지는 것이다. 교육정책의 접근만으로는 백약이 무효이다. 따라서 교육정책에 앞서서 일자리 격차를 해소해야 한다. 이 문제를 해결하지 않으면 모든 교육정책은 한계를 가질 수밖에 없다.

자기를 발견하는 학교, 가고 싶은 학교

우리의 미래를 짊어질 아이들, 그들이 스스로 행복하고 이 나라의 진정한 일꾼으로 자아실현할 수 있는 그날을 만들어야 한다. 많은 한계를 갖고 있는 현실이지만 문제해결 방안을 모색해본다.

첫째, 직접적인 교육정책을 제시하기에 앞서 먼저 해결해야 할 사회적 과제가 있다. 우리사회의 일자리 격차를 해소하는 일이다. 일자리가 등급별로 엄청난 차별과 간격이 존재하는 한 치열한 일자리 경쟁교육을 피하는 것은 어렵다. 따라서 시간이 걸리더라도 이 문제를 해결하는 것이 우리사회 교육개혁의 핵심 과제이다.

이는 보편적 복지를 통한 복지국가정책으로 소득재분배를 이루는 일이다. 사회의 균등화를 이뤄서 일자리 간의 임금격차를 줄여야 한다. 이를 위해서는 누진적 조세제도에 의한 재분배, 공공일자리 창출을 통한 고용과 임금 균등화 선도, 각종 보험성 수당과 연금으로 구성되는 생활안전망 구축 등의 제도로 뒷받침된다. 이런 사회적 안전망으로 인해 인간적 삶을 영위하게 되면 악착같이 특정 업종과 일자리만을 위해 매진하지 않아도 된다. 또한 이와 같은 복지정책들은 임금의 격차를 줄이는 역할을 하게 된다. 직업의 귀천 없이 노동의 가치를 중시하는 문화가 형성된다. '동일노동 동일임금'의 노사문화가 형성된다. 학력, 학벌보다 각자가 하고 싶은 일을 하려고 하니 특정 직업을 위한 경쟁이 격화되지 않는다. 이러한 여러 가지 요인이 모아져 임금의 간극이 완화된다. 이는 자연적으로 경쟁 위주의 교육 동인을 떨어트린다. 오로지 좋은 일자리를 얻기 위해 공부한다거나 적성과 관계없이 무조건 상급 대학을 가는 관행이 바뀔 수 있다.

두 번째는 청소년들이 희망하는 교육을 부모의 경제적 여건에 구애받지 않고 받을 수 있도록 해야 한다. 고교의무교육에 따른 무상교육이 이루어져야 한다. 궁극적으로는 대학등록금이 북유럽 국가처럼 무상이 되어야 한다. 단계적으로는 반값등록금을 현실화하자. 현 취학 전까지 시행되는 아동수당을 16세까지 늘리고 청소년수당도 지급되어야 한다. 국가경쟁력을 인재양성에 둔다면 교육예산을 대폭 늘려나가야 한다. 그래서 학업에 전념할 수 있도록 만들어주어야 한다. 이는 청소년들에게 '교육받을 수 있는 권리'를 실현시켜주는 일이다. 청소년들에게 안정과 행복을 안겨주는 일이다. 이러한 안정은 보육, 교육에 대한 부담을 없애는 것이기에 저출산 문제 해결책이기도 하다.

셋째, 대학 서열화에 따른 경쟁 중심의 교육을 극복해야 한다. 나는 위에서 이 대학 서열화의 원인은 '좋은 직장', '나쁜 직장'의 양극화에서 비롯된다고 했다. 직업에 따른 심각한 임금격차가 대학 서열화를 가져오고 이는 막무가내식 경쟁을 유발한다. 경쟁은 학생들을 불행하게 한다. 순위에 대한 강박관념이 심한 스트레스를 주기 때문이다. 또한 경쟁 위주 교육은 공동체의식 결여와 협업능력의 저하 등으로 결국은 비효율적 인적자원을 양산하는 결과를 야기한다.

핀란드는 전 학생을 대상으로 각자의 능력을 높여주는 교육을 한다. 학생 간, 학교 간 경쟁이 아니라 자기 자신의 잠재력과 경쟁하도록 한다. 시험은 서열을 나누는 것이 아니라 본인이 이전보다 얼마나 더 나아졌는가를 체크하고 보완하는 수단으로써 활용한다. 수업 방식도 상호간의 협력과 토론을 통해 문제해결능력과 창의력을 높이는 데 중점을 둔다. 동기부여를 분명히 갖고 학업에 임하는 핀란드의 학생들은 오후 3시면 모든 수업을 마치고 과외도 없는 상태에서 PISA 1위를 달성했다. 다양성과 창의력을 중시하는 수업방식은 국민소득 4만 불이 넘는 핀란드의 국가경쟁력에도 기여했다고 본다.

소수의 우수한 아이들만을 위한 경쟁교육은 다른 아이들을 들러리로 만든다. 1등 하지 않아도 소중한 사람이라는 생각을 가질 수 있게 하는 교육이 필요하다. 나의 행복이 타인의 행복과 공존할 때 진정 행복해질 수 있다는 것을 믿게 하는 교육이 필요하다.

네 번째, 암기 위주의 주입식 교육을 창의적, 자기주도적 교육으로 탈바꿈해야 한다. '차려진 밥상'만 받아보던 학생들이 '차려내는 밥상'을 만들 수 있는 교육이 요구된다. 아일랜드에는 오래전부터 고1과정 자유학년제가 시행되었다. 다양한 직업체험과 취미활동, 자기 개발의 시간을 갖는다. 시험 없는 자유학습년을 거치면서 '공부해야 할 이유'와 '자기 인생의 방향성'을 갖도록 했다. 동기부여가 되면 전반적인 학습능력도 향상된다. 아일랜드는 이전의 일반 교육 제도 때보다 학생들의 성적이 20~30% 향상되는 것을 입증시켰다.

"자유학년으로 공부 안 하고 저렇게 놀게 하면 어떻게 하느냐"는 부모들의 우려를 잠식시켰다.

한국에서도 2013년부터 중학교 자유학기제 시범운영을 거쳐, 지금은 전면시행을 하고 있다. 한 학기를 한 학년으로 늘리는 시범운영에 들어갔다. 체험을 통해 자신이 무엇을 좋아하고 무엇을 잘할 수 있겠는지를 탐색하는 교육이다. 바람직한 일이다. 아이들의 꿈과 끼를 발굴하고 자신의 인생을 스스로 설계해나가는 힘을 키워주어야 한다.

이스라엘에서는 '남보다 뛰어난 능력'을 발굴하는 것이 아니라 '남과 다른 능력'을 발굴하고 키우는 것을 교육 목표로 한다고 한다. 다름을 발굴하면 1명이 아닌 그 반 학생 모두가 그 분야에서 일등을 하는 것이다. 서열이 의미가 없다. 자신만의 고유한 적성과 재능을 발견하는 여정으로써 학교가 존재해야 한다. 그러면 학교 가는 아침이 기다려질 것이다.

04
돈 버는 집과 살기 좋은 집

싱가포르의 주거대책

나는 경기도의원 시절인 2008년에 민주당 동료의원들과 싱가포르에 해외연수를 간 적이 있다. 경기개발연구소 소속 박사 2명과 함께 싱가포르 '도시개발청Urban Redevelopment Author ity'에 가서 싱가포르 도시개발과 주택정책에 대해서 많은 이야기를 들었다. 날씨는 매우 습했으며 봄날처럼 그렇게 춥지는 않았다. 싱가포르는 400만 명이 사는 도시국가이며 공무원들이 꽤 우대받는 사회였고 젊은이들도 공무원이 되려는 경향이 많았다.

도시개발청 건물 안에는 정치, 기업 일을 하는 사람들과 도시에 대해 여러 가지 새로운 정보를 듣고자 하는 사람들로 붐볐다. 키가

작으면서 약간 까무잡잡하고 귀여운 여직원이 싱가포르에서 국토 이용이 어떻게 되고 있는지, 도시는 어떻게 만들어졌는지 설명을 해주었다. 나는 개인적으로 주택에 관심이 많아 여러 질문을 던졌다. 한국은 부동산투기가 심각하여 집값이 3~4배가 뛰고 그로 인해 많은 서민들이 힘들어하고 있는 상황이었다. 그 직원은 싱가포르 주택정책에 대한 흥미로운 정보를 나에게 많이 제공해주었다.

싱가포르는 국민의 95%가 집을 소유하고 있으며 5%만 임대주택에서 살고 있다. 이 5%는 대부분 혼자 사는 사람들이었다. 국가기관인 주택개발청에서 전체 집의 83%를 국민들에게 제공하고 있다. 15%만 민간주택이다. 정부는 신혼부부에게 30평의 아파트를 제공한다. 그 당시 가격으로 2억4천만 원 정도였다. 자기 집값의 20%만 내고 나머지 80%는 30~50년에 걸쳐 갚으면 된다. 연리가 1.2~1.5로 매우 쌌다. 물가상승률에도 못 미치는 거의 무이자로 집을 주는 거나 마찬가지였다.

싱가포르 정부는 주택을 구입하는 비용을 일하는 사람들의 연봉 2배 정도 선에서 살 수 있게 제한을 해놓고 있다. 이게 가능한 이유는 토지의 90%가 정부의 땅이기 때문이다. 정부가 땅을 가지고 주택을 지어서 점유권은 정부에서 갖고 99년 동안 그 집을 시민들에게 빌려주는 것이다. 99년 이후는 돌려줘야 한다. 하지만 99년 동안 재개발되면 다시 새로운 주택을 소유할 수 있기 때문에 거의 소유하는 거나 마찬가지다.

기본적으로 주택을 정부가 제공하기 때문에 생산비보다 더 낮은 가격으로 적용된다. 정부가 이익보다는 안정적인 주택공급에 더 힘을 쓴 것이다. 부동산투기 요소는 없는지 궁금했다. 기본적으로 부동산투기는 자기 집을 소유하고 있는 사람들이 집값이 오르면 오를수록 되팔 때 이익을 얻는 것을 말한다. 싱가포르는 부동산투기 요소는 있는데 이를 제약하고 있다. 한 사람이 두 번밖에 집을 살 수 없다. 한 번 사면 5년 이상은 살아야 한다. 중간에 이사 가면 자기가 샀던 가격 그대로 정부에 내놓고 가야 한다. 집을 팔 때는 땅 소유가 정부이기 때문에 파는 것도 정부에 팔아야 한다.

　싱가포르는 노동자들의 임금이 우리나라의 3배이다. 생필품도 엄청 싸다. 다만 자동차, 해외여행 등 문화비용은 아주 비싸다. 생필품은 안정되게 공급해주고 사치품으로 분류되는 것들은 비싸게 파는 것이다.

　다시 한 번 싱가포르의 주택정책을 정리해보면 싱가포르의 주택정책의 핵심은 3가지이다. 토지를 국가가 소유(90%)하고 있고 다량의 주택공급을 하고 있고(110%) 마지막으로는 저리의 대출지원정책이다. 다량의 주택으로 집이 필요한 사람보다 10%나 더 많은 집을 공급하고 있다.

　우리나라와 비교를 해보면 우리는 대부분의 땅이 개인소유이다. 분양가격을 싸게 하고 주택공급을 안정화하고 부동산투기를 막으려면 토지를 기본적으로 국가가 통제해야 가능하다. 집을 투기개념이 아니라 주거개념으로 바꾸어야 한다. 그렇게 바꾸려면 필요한 사람에게 팔고 필요 없을 때는 회수해야 한다. 집을 사서 되팔 때 2~4배가 되니까 투기개념으로 바뀌는 것이다. 하지만 우리나라 정부는 그렇게 하려고 하지 않는다. 지금 상태는 엄청난 땅값을 감당하면서 매입해서 통제하기도 어렵다.

대한민국의 대출이자는 얼마나 비싼가. 집을 사려다가 완전히 패가망신하는 것이다. 전 국민이 부동산에 인질로 잡혀있는 형국이다. 집을 가지고 있는 사람들은 집값이 떨어질까 봐 걱정이고 집이 없는 사람들은 평생을 집 마련하기 위해 모든 것을 희생한다. 젊음을 희생하고 자기 문화생활과 교육과 모든 것을 희생한다. 우리나라는 토지를 임대해주는 분양제도가 아니기 때문에 우리의 관심은 공공임대주택을 대량으로 늘리는 방향으로 가야 한다. 우리나라는 주택보급률이 105%나 되지만 자기점유율은 54%밖에 안 된다. 한 사람이 집을 여러 채 가지고 있기 때문에 나타나는 현상이다. 한국의 20년 이상 장기공공임대주택 비율은 2016년 기준 5.6%에 불과하다. 김현미 국토부장관은 22년까지 OECD 평균 수준인 9%를 달성하겠다고 말했다.

공기업도 여러 차례 세미나를 해보니까 여러 가지 애로사항이 있었다. 임대주택공급은 해야 하는데 수익성 유지가 어렵다는 것이다. 수익성을 유지하면서 공공성을 강화하는 방법을 적극 강구해야 한다. 공기업이 임대비율을 몇 퍼센트 이상 올리면 세금감면 혜택을 준다든지 임대주택을 많이 지을수록 손해를 보지 않도록 해야 한다.

투기가 아닌 주거를 위한 구입이 확실한 경우에는 국가의 적극적 지원이 요구된다. 싱가포르처럼 토지에 대한 통제를 할 수 없어도 국민의 최소한의 주거권을 보장해주어야 한다. 소유자와 세입자의 권리가 균형을 이루지 못하거나 주거권과 영업권 등 무형의 권리가 균형을 이루지 못한다면 이는 국가에 의해 교정되어야 한다. 또한 국가가 주택의 공급자가 되어 국민의 주거를 안정시켜야 한다. 주택가격의 거품을 빼고 주거비를 낮추는 노력을 해야만 한다.[4]

공공임대를 대폭 늘려 주거안정을

신혼부부에게 있어서 가장 선망하는 꿈이라면 대개는 집을 장만하는 것이다. 그런데 집을 사려면 정규직 월급으로도 몇십 년 걸린다. 비정규직이나 알바인생들에게 집은 '그림의 떡' 수준이다.

그래서 청년들이 결혼 못 하는 여러 이유 중에 주택 문제가 가장 중요한 것으로 부각되고 있다. 다른 것은 일시적으로 해결할 수도 있지만 주거 문제는 단번에 해결되지 않는다. 수도권에 살려면 주택구입은 말할 것도 없고 전세도 꿈꾸기 어렵다. 비싼 월세로 살려면 그 액수를 감당하기가 만만치 않아서 결혼에 강력한 장애물로 작용한다. 주거는 당장 국민 삶의 기본 조건이면서 결혼율 감소, 저출산 문제의 원인으로 작용하고 있는 것이다.

수십 년간 급등했던 주택가격이 다소 주춤하더니 다시 상승해서 현 정부도 주택가격안정에 골머리를 앓고 있다. 그래서 2017년 8월 2일 김현미 국토교통부장관은 집이 투기수단으로 전락하는 것을 막겠다면서 투기지역 지정, 양도소득세 강화, 대출규제 강화 등의 대책을 내놓았다. 한마디로 투기성 거래를 차단하겠다는 것이다. 2018년 9월에는 안정적인 수급 기반 위에서 양질의 저렴한 주택공급이 지속적으로 필요하다고 보고 우수공공택지 30만호 공급, 신혼희망타운 10만호 공급 등을 발표했다. 최근에는 상승세가 한풀 꺾였다. 방향은 잘 잡았다는 생각은 들지만 이런 정책들이 얼마나 먹혀들어갈지, 주거안정이라는 근본 목표에 제대로 다가간 것인지는 더 지켜보아야 할 것 같다.

스웨덴의 주거정책 캐치프레이즈는 '1가구 1주택 보장'이다. 국가의 경제수준이 낮았던 1940년대부터 목적의식적으로 추진해서 1980년대에 거의 완성했다. 스웨덴 국민은 성인이 되면 대부분 독립한다. 학생 때는 원룸아파트에서 출발한다. 결혼을 하면 보통아파트, 자녀가 늘면 보다 큰 아파트로 이사 간다. 중년을 넘기면서는 전원주택을 마련하는 패턴을 보인다. 스웨덴은 이 과정이 순조롭게 이루어지도록 여러 장치를 마련한다. 먼저 주거형태를 보면 공공임대가 25%, 민간임대가 26%, 개인소유가 49% 정도 차지한다. 공공임대비율이 높은 것도 대단하지만 이를 지방자치단체가 직접 나서서 중개사무소 역할을 하는 특징이 있다. 임대료는 개인 간이 아닌 세입자단체와 집 소유주단체 간의 협상으로 책정된다. 학생들의 원룸 구입 때부터 여러 보조금과 저리의 보증금 융자로 부담 없이 거주할 수 있도록 만들어준다. 이마저 어려운 세대에는 공공부조를 통해 임대주택비용을 직접 지원한다.

비싼 집값으로 고통받는 국민들을 위해서는 중앙정부와 지방정부가 관리하는 공공임대주택을 대폭 늘리는 길밖에 없다. 그동안의 한국의 역대 정부는 임대주택을 늘리겠다고 약속은 했지만 실천하지 못했다. 여론 무마용 정도의 양념으로 첨가되었을 뿐이다.

문재인 정부는 매년 17만호의 임대주택 건설을 공약하고 시행하려 하고 있다. 그나마 다행이다. 2016년 기준으로 한국은 공공임대주택비율이 5.6%에 불과하다. 유럽 선진국들은 20%를 상회한다. 장기공공임대비율은 국가 땅에 지어야 하기 때문에 무한정 늘릴 수는 없지만 문 대통령 임기 내에 10%를 달성하고 중장기적으로는 앞으로 10년 이내에 20% 선이 되도록 끌어올려야 한다. 그 정도 되면 민간 임대주택을 포함하여 비주택 수요자들의 주거 문제가 상당 부분 해소되리라 본다. 북유럽 수준에도 80% 이상 근접하리라 본다.

민간인이 집을 여러 채 가지고 임대하는 민간임대주택은 임대료 통제가 중요하다. 가파르게 오르지 않도록 임대료 상승률을 5% 이하 정도로 일정 정도 제한하는 게 필요하다. 저리의 임대보증금 융자 정책도 뒤따라야 할 것이다. 그래서 안정된 주거보장으로 국민의 행복권이 충족되었으면 한다. 이는 과중한 주거금융비용 부담이 다른 소비로 전환되어 내수시장 활성화도 이루고 저출산 문제 해결에도 크게 기여할 것이다.

    집은 거주를 위한 모든 국민들의 기본권리이지 투기나 소유의 개념이 아니다. 또한 집은 개인의 능력에 맡길 사적 영역이 아니라 국가가 책임져야 할 공공 영역이다. 주거불안이라는 위험에서 국민을 보호하는 길은 주거의 공공성을 살리는 길이다.

05
늙는 것을 여유 있게 받아들이려면

고령사회를 행복하게 맞이하는 법

2017년 10월 한겨레신문 여론조사에서 "현재 삶에서 가장 걱정되는 것은 무엇인가?"라고 물었다. 응답자들은 걱정거리로 노후(22.4%), 취업·실직 등 일자리(16.3%), 자녀교육(12.5%), 주택구입, 전월세주거(11.8%) 등을 꼽았다. 노후불안이 최고의 걱정이었다.

한국은 2017년 9월에 고령사회로 진입했다. 65세 이상 인구가 총인구에서 차지하는 비율이 7% 이상이면 고령화사회, 14% 이상이면 고령사회, 20% 이상이면 초고령사회라고 한다. 2017년에 14%를 돌파한 것이다. 2026년이면 초고령사회로 진입한다고 추정되고 있다. 저출산과 의료발달로 인한 평균수명 상승이 고령화의 원인이라는 것은 쉽게 알 수 있다.

　2015년 기준 한국인의 기대수명은 82.1세(남성 79세, 여성 85.2세)다. 1975년부터 매년 평균 기대수명은 1년에 약 0.5세씩 증가했다. 40년 동안 약 20세가 높아진 셈이다.

　앞으로 10여년 이상 지나면 기대수명이 90세 가까이 된다. 그리되면 노인으로 30여 년을 살아야 한다. 노후가 행복해야 할 텐데 안타깝게도 한국의 노인들은 불행하다. 그 요인으로 '빈곤', '질병', '고독', '무직업'의 4가지를 대표적으로 들 수 있다. 이를 극복해야 한다. 개인에게만 맡겨질 것이 아니라 사회적 해결이 요구된다.

　첫째, '빈곤'의 해결은 기본적으로 안정적인 소득이 있어야 한다. 2016년 한국의 노인빈곤율은 47.7%이다. 중위소득은 소득이 가장 많은 가구부터 가장 적은 가구까지 순서대로 세웠을 때 딱 중간에 위치한 가구의 연간소득을 말한다. 노인빈곤율 47.7%란 말은 노인의 상대빈곤율이 이 만큼이라는 건데, 결국 전체 노인의 47.7%는 우리나라 중위소득자의 절반도 안 되는 소득으로 살아가고 있다는 뜻이다. OECD 평균(12%)의 4배다. OECD국가 중 노인빈곤율 1위다. 노인자살률도 1위인 데다가 빈곤율까지 1위인 것이다. 우리는 세계 경제 10위권의 나라다. 외형적 크기에 비해 국민의 삶의 질은 형편없다. 실속이 없다는 얘기다. 일자리가 없는 노인에게 현실적으로 의존할 수 있는 것은 연금이다. 기초연금과 국민연금이 있다. 2019년 현재 소득하위 70%에게 지급되는 기초연금이 25만 원이다.

2021년에 30만 원이 되지만 여전히 생활하기에는 절대적으로 부족하다. 적은 액수지만 그나마도 국민연금에 가입되어 있는 노인들은 30% 정도에 불과하다(다음 장에서 자세히 다루겠다).

둘째, 오래 살아도 건강하게 살아야 행복하다. '치료비부담 문제'와 '예방적 건강관리체계'가 중요하다. 스웨덴은 치료비 연간 한도제가 있다. 아무리 중병이라도 개인 부담을 100만 원 미만으로 제한하고 나머지는 국가가 책임진다. 우리도 올해부터 연간 본인부담 한도액을 대폭 낮추었다. 전체는 아니지만 소득 기준 3분위 이하는 연간 한도액이 100만 원 이하가 되었다. 그나마 다행이다. 모두가 스웨덴처럼 100만 원 이하가 되려면 시간이 걸리겠지만 의료비를 몇천만 원씩 개인에게 부담하는 것은 극복해야 한다.

서울시는 얼마 전에 '공공보건의료재단'을 설립했다. 치료도 중요하지만 질병예방에 중점을 두겠다고 선언했다는 점에서 바람직하다. 노인 자신이나 자녀들의 큰 걱정거리인 치매에 대해 현 정부는 '치매국가책임제'를 약속했다. 2017년 10월부터 의사로부터 중증치매 판정을 받으면 의료비의 10%만 부담하고 90%는 건강보험으로 처리해준다는 내용이다. 치매 가족들에게 큰 시름을 덜어주었다.

셋째, 한국의 노인은 고독하다. 1인 노인가구는 전체 노인가구의 30%를 넘어섰다. 고독은 우울증을 가져온다. 물론 우울증은 고독뿐만 아니라 빈곤과 질병이 더해질 때 극에 달한다. 지방자치단체가 중심이 되어 노인공동체를 다양하게 조직하고 일자리, 교육, 봉사가 어우러지는 공동체 네트워크를 촘촘히 짜야 한다. 고령사회가 짐이라는 사회적 분위기를 불식하고, 노인들에 대한 사회적 지지와 함께 자긍심을 갖도록 해야 한다.

넷째, 일자리가 있어야 행복하다. 정부 주도하의 공공형 일자리와 민간에 의한 시장형 일자리가 있다. 공익활동 참여노인의 활동수당은 2018년 25만 원 전후인데 아직은 너무 미약하다. 일 내용도 청소, 공원관리 등 단순노동이 주이다. 노인들의 경력을 살리는 좀 더 의미 있는 좋은 공공일자리가 많이 만들어졌으면 한다. 시장형은 민간사업장에서 만들어지는 일자리이다. 시장형은 노인들에게 기회가 오기가 쉽지 않다. 그리고 취업을 해도 노동시간이나 노동강도에 비해 보수가 전반적으로 낮다는 문제가 있다. 양질의 노인일자리를 늘리는 기업에 대한 정부의 인센티브제도가 더욱 발전될 필요가 있다. 또한 민간 노인일자리 창출을 위한 사회적 캠페인이 활성화되고 이를 채택하는 기업에 대한 국민들의 격려 분위기도 만들어져야 할 것이다.

국민·기초연금으로 노후보장을

정치를 하다 보면 노후 문제와 관련해서 간혹 이런 질문을 받는다. "국민연금은 2060년쯤 고갈된다는데 제대로 받을 수 있나요?", "국민연금이 개인 사적연금보다 좋은가요?", "노후는 각자 알아서 대비하면 되지, 굳이 강제로 가입하게 하는 이유가 뭡니까?"

나는 이럴 때 분명하게 대답한다. "국민연금 수익률은 연금 중 최고이고 가장 안전하기도 합니다. 국민연금은 모두가 반드시 가입해야 합니다."

그동안 복지국가에 대한 연구를 하면서 노후의 안정된 삶에 대해 많은 관심을 가져왔다. 국민연금은 '국가의 국민에 대한 약속'이다. 국가가 연금을 지급하지 못할 상황은 전쟁이나 이에 준하는 경제적 파탄 상황에서나 가능하다. 그 정도가 되면 연금이 문제가 아니라 국민의 모든 삶이 파탄 날 정도의 상황이 되었다고 보아야 할 것이다. 현 정부는 국민들의 불안을 줄이고자 정부지급보증을 명문화하기로 했다. 정부의 보증이라는 게 굳이 의미가 없을 수도 있는데 국민의 불안을 덜어준다는 차원에서 하기로 한 것 같다.

직업이 없다는 것을 전제로 현재 소득과 관련된 노후보장 수단은 '기초생활수급자', '국민연금', '기초연금' 세 가지가 있다. 기초생활수급자는 65세 이상 중 6~7%를 차지한다. 이를 별도로 한다면 보통 노인의 경우에 의존할 수 있는 것은 국민연금과 기초연금이다.

기초연금을 살펴보자. 2016년 20만 원에서 시작해서 현재 25만 원, 2021년 30만 원으로 예정되어 있다. 어려운 조건에서 현 정부가 노인들의 최소한의 안정된 삶을 마련하기 위해 점차 늘리는 것은 매우 고무적인 일이다. 그러나 개선되어야 할 과제가 있다.

앞에서 보았듯이 스웨덴의 경우를 짚어보자. 기초보장연금은 독신 노인인 경우 7,526크로나(126만 원)이다. 부부 및 동거세대는 각각 1인당 6,713크로나(112만 원)이다. 연금에 못 들었거나 노인 연금액이 부족해서 최저보장금에 못 미치면 국가가 나머지를 채워 기초보장연금을 지급하는 것이다. 기본적으로 인간적인 생활을 해나가는데 지장이 없도록 최저보장금을 책임진다. 여기에 각자의 연금 불입액이 가산되어 총 연금을 받는 것이다.

현재 기초연금에 있어서 소득 하위 70%를 대상으로 지급하고 있는 것을 모든 대상자로 확대해야 한다. 액수도 좀 더 상향해나가야 한다. 국민연금에 가입하지 못한 사각지대의 노인들이 있기에 노후의 기본생활권을 보장해준다는 차원에서 대책을 세워야 한다. 국민연금과 기초연금을 더해서 최소 100만 원 선은 되어야 한다. 기본적 생활과 품위를 유지할 수 있는 최소한의 연금액이라고 본다.

연금에서 '수익비'라는 개념을 쓴다. 내가 낸 보험료 총액(30년 가입 가정)과 받는 연금 총액(65세부터 평균수명까지 수급액)이 같으면 수익비가 1이다. 2008년 기준으로 월 소득 50만 원은 수익비가 3.7, 150만 원은 1.8, 360만 원은 1.3이다. 평균수명까지 사는 것을 전제했을 때 평소 월 150만 원을 벌었던 사람은 자기가 낸 것의 1.8배를, 월 50만 원을 벌었던 사람은 무려 3.7배를 받는다는 것이다. 즉 대부분이 큰 수익을 내고 저소득층일수록 크다. 은행의 실질이자율이 제로인 시대에 그야말로 큰 수익률이다. 이것이 가능한 것은 '적게 내고 더 받는 연금구조'라는 본래의 취지 때문이다. 사업이 아니라 '국민의 노후보장'이라는 국민 인권적 접근방식이다. 그래서 내가 낸 원금에 미래세대가 보태는 '노인 존엄'과 '세대 간 연대'의 가치가 반영된 것이다.

사적 보험은 수익률도 적지만 통계에 의하면 가입자의 60~70%가 10년 이내에 해지한다. 사실상 마이너스 수익률이다. 또한 국민연금은 물가상승률을 100% 반영해서 지급한다. 사적 연금은 어림도 없다.

세계 여러 나라를 보면 연금은 적립식과 부과식으로 나뉜다. 이후에 받을 것을 미리 적립해서 받는다는 개념이 적립식이다. 노인의 수급액을 당시의 보험료를 내는 후세대가 부담하는 방식이 부과식이다. 적립식이 안정적일 것이란 생각은 들지만 그만큼 부담이 크기 때문에 어떤 제도가 정답이라는 것은 없다. 형편과 조건에 따라 다른 것이다. 적립식과 부과식을 적절히 혼용하는 경우가 많고 부과식으로 간 곳도 있다.

심지어 독일은 적립금을 일주치 정도만 비축해두고 당해 보험료를 받아서 당해 지급하는 철저한 부과식을 시행하고 있다. 다시 말하면 지급할 돈을 꼭 비축해야만 하는 것은 아니고 국가 내부의 논의와 합의에 따라 하면 된다. 대개 언론이나 정치권에서 공방을 하면서 과장하는 것은 연금은 무조건 적립식이 당연한 것처럼 말하기 때문에 벌어진다. 적립금이 떨어지면 당장 부도나는 것처럼 난리다.

우리나라는 현재 GDP의 35%의 연금기금을 적립하고 있다. 일본이 30%다. 우리는 세계 1위의 적립금 국가이다. 현재 보험료를 하나도 올리지 않고 지급하면 2060년쯤 기금이 떨어질 걸로 예상된다는 이유로 기금 고갈설이 나온다. 그러나 이는 과장되고 세계의 흐름을 왜곡한 것이다. 보험료를 급격히 올리려는 의도가 숨어있다고 봐야 한다. 누구의 의도이겠는가? 국민연금의 불안성을 강조하면 이득을 보는 세력일 게다. 바로 사적 연금보험업자들이라 볼 수 있다. 어느 시점에 보험료를 어느 정도 인상할지, 적립식과 부과식의 비율을 어떻게 할지는 우리가 정하는 것이다. 국민의 지혜를 모아가면서 시행하면 국민연금은 안전할 뿐더러 높은 수익률이 보장되는 유일한 연금보험이라 할 수 있다.

이 정도면 국민연금을 적극 권장해야 하지 않겠는가? 나도 아내의 연금까지 별도로 납입하고 있다. 아직도 제대로 국민연금에 가입하지 않았거나 본인은 되어 있는데 배우자는 가입이 안 되어 있는 경우, 빨리 서둘러서 가입하실 것을 권유한다. 아직 소득대체율은 미흡하지만 그나마 여러분의 가장 안정된 미래보장책이다.

물론 현재의 연금보험제도는 완벽하거나 충분한 것이 아니기에 개혁될 요소들은 있다. 국민연금이 노후의 안정된 삶을 보장해줄 제도로 잘 정비되어야 한다. 앞서 이야기했듯이 현재 국민연금의 수급자는 노인의 40%에도 못 미친다. 그것도 30만 원 후반대의 평균연금을 수급하고 있는 실정이다.

급여의 보장성도 매우 낮은 수준이다. 국민연금이 처음 도입된 1988년도에는 국민연금 수급액이 명목소득대체율이 70%가 되도록 설계되었었다. 즉 40년간 소득의 9%를 납입하면 65세 이후 자기가 받던 월급의 70%를 보장해주는 것이었다. 200만 원 소득자면 월 140만 원을 받는다는 얘기다. 그러나 이후에 소득대체율이 계속 떨어져서 2028년이 되면 40%가 된다. 그런데 이마저도 40년 납입을 전제로 한 것이다. 실제 평균 23년을 납입한다고 하니 소득대체율은 약 23%이다. 200만 원 소득자이면 23%, 월 46만 원을 받는 셈이다. 결과적으로 보면 국민연금 가입자가 50% 정도인데, 그마저도 받는 수급액이 최저생계비에도 못 미치는 금액인 것이다.

국민연금이 모든 국민의 기본적 노후보장책이 되도록 설계되어야 한다. 우리는 자신들의 기득권에서만 사고하는 사적 보험업체들의 온갖 감언이설이나 국민연금에 대한 공세를 뚫고 굳건하게 국민연금제를 지켜내야 한다. 국민연금에 가입하지 못한 사각지대에 계시는 노인들을 위한 기초연금이 안정적인 보완책이 되도록 해야 한다. 내가 낸 세금과 보험료가 나의 노후에 그 이상의 보장혜택으로 돌아온다면 누구나 보험과 세금을 낼 것이다.

'모든 아이가 우리 모두의 아이'였듯이 '모든 노인은 우리 모두의 어르신이고 부모'이다. 늙었을 때 찾아 올 가능성이 큰 위험, 즉 빈곤, 병환, 고독으로부터 우리 어르신들을 보호하자. 나의 미래를 보호하자.

06

복지를 완성시키는 평화

평화가 가져다 줄 안정

나는 우리가 추구해야 할 국가의 방향은 '국민안전 복지국가'라고 생각한다. 복지국가의 가장 본질적인 내용은 국민을 사회적 위험으로부터 보호하여 안정된 삶을 만들어주는 것이다. 그런 의미에서 '국민안전 복지국가'라고 명명해보았다. 국가가 경계해야 할 사회적 위험은 실업, 장애, 질병, 노후, 재난, 전쟁이다. 위험의 최고 정점이 전쟁이다. 국가의 최종적인 중요 역할은 전쟁을 억제하는 것이다. 전쟁은 모든 것을 파괴한다. 그동안의 복지정책의 성과를 다 날린다. 전쟁은 복지의 사회안전망을 송두리째 파괴한다. 그런데 그러한 파괴적인 전쟁을 억제하는 방법은 바로 복지국가를 굳건히 세우는 것이다. 복지국가와 평화의 연관성을 살펴보자.

우리나라 역사에서 가장 비참했던 전쟁은 한국전쟁이었다. UN군과 한국군은 18만 명이 사망했다. 북한군은 52만 명이 목숨을 잃었다. 중공군은 15만 명이 사망하고 80만 명이 부상당했다. 우리나라 국민은 40만 명이 죽고 30만 명이 행방불명이 되었다. 부상자도 23만 명에 달했다. 공식 통계만 그렇고 파악되지 않은 수많은 죽음이 있었을 것이다.

전문가들에 의하면 북한의 핵무기 위력은 나가사키, 히로시마 원자폭탄의 4배라고 한다. 서울에 핵폭탄이 터지면 수도권 2,500만 명이 목숨을 잃는 것으로 알려져 있다. 상상도 하기 싫은 끔찍한 결과이다. 전쟁은 목숨만이 아니라 모든 사회적 성과를 파괴하고 인간의 희망을 앗아간다. 전쟁이 일어나면 안 된다는 것은 긴 설명이 필요 없다.

2018년은 불과 그 몇 달 전만 해도 상상할 수 없었던 사건들이 연이어 생기면서 한반도 정세를 급변시킨 해이다. 김정은 신년사부터 시작해서, 김여정 평창올림픽 방문, 대북특사 파견 등으로 숨 가쁘게 이어진 사건은 3차례의 '남북정상회담'과 '북미정상회담'이라는 역사적 사건들을 만들어냈다. 곧 전쟁이라도 일으킬 듯 극단적 독설을 내뱉던 트럼프와 김정은의 정상회담 소식은 귀를 의심할 정도의 충격이었다.

2019년 초 현재는 그동안 숨 가쁘게 달려온 일련의 사건들을 차분히 되돌아보면서 숨 고르기를 하고 있는 시기이다. 보다 실질적이고 되돌이킬 수 없는 평화의 용광로로 빠져들어 갈 것이냐, 아니면 평화를 위한 최고의 기회를 놓치느냐의 중대한 갈림길에 있기도 하다. 현재 거론되는 3차 북미정상회담과 앞으로 계속되어야 할 남북정상회담은 전쟁의 위기 앞에서 전전긍긍하는 우리에게는 결코 놓칠 수 없는 항구적 평화의 기회이다. 총력을 모아야 하고 지혜로운 대응이 요구된다.

그간 남북 분단과 냉전적 대립은 한국의 민주주의의 발전을 가로막았을 뿐만 아니라 경제성장의 발목을 잡는 역할을 해왔다. 현재 북미 관계가 다시 교착상태가 되어 위기 요인이 잠복해 있다. 그렇지만 북미 모두에게 과거로 돌아갈 수만은 없는 내적 요인이 있는 만큼 난관을 잘 헤쳐나가 평화프로세스를 성공시킨다면 한반도는 엄혹한 세계질서 속에서 비약적 발전의 계기를 마련할 수 있을 것이다.

그동안 북한이 미국에 원했던 것은 명확하다. 평화협정을 통해 정전 상태를 끝내고 종전선언을 하는 것이다. 그래서 미국의 경제 봉쇄를 풀고 경제개혁·개방으로 북한 내부경제를 발전시키는 것이라 볼 수 있다. 다시 말하면 세계 최고 군사대국 미국으로부터 체제안정을 보장받고 그것을 계기로 경제개혁·개방 드라이브를 걸겠다는 것이다. 그렇다면 김정은이 전격적인 북미 대화를 제안하고 이를 트럼프가 받은 배경은 무엇일까? 북한이 핵무기개발을 급진전시켜 미국에게 협상조건을 만들었다는 점과 UN의 경제제재로 인한 위기극복책을 찾기 위한 시급성이 요구되었기 때문으로 보인다.

　미국 입장에서는 그동안 적당한 남북 대립과 긴장은 자신들의 군사산업을 발전시킬 수 있었다는 점에서 즐겼던 측면도 있다. 미국 내의 군산복합체의 이해관계는 긴장이 지속되어 군사 무기를 판매해야 한다. 그 규모가 엄청나기 때문에 정치권에 대한 로비력도 크고 강하다. 따라서 앞으로도 무기업체들은 북미 간 평화무드 조성을 지속적으로 방해하면서 평화협상의 성공 여부에도 영향을 미칠 것으로 보인다. 그러나 북한의 핵무기 보유는 미국의 핵우산 아래 유지되어 왔던 세계적 통제력에 균열을 야기시키는 위기를 가져왔다. 자칫 북한의 핵무기 보유가 도미노처럼 여러 국가로 확산될 수도 있기에 조기 차단의 필요성이 커졌다. 게다가 핵미사일이 자국의 턱밑까지 올 수 있다는 현실은 대통령의 리더십을 위태롭게 할 수 있었다.

　북한은 2017년 11월 29일 ICBM급 '화성-15'를 시험 발사하며 핵무력 완성을 선언했다. 한국 국방부는 고각 발사했던 '화성-15'가 정상 각도로 발사될 경우 1만3천km 이상 비행이 가능하다고 평가했다. 미국 수도 워싱턴 DC까지 이를 수 있는 사거리다. 현실적 위협이 될 수밖에 없다. 장거리 미사일의 핵심기술인 대기권 밖으로 나갔다가 재진입하는 것은 해결된 것 같다. 소형 핵탄두를 장착하는 기술만 보완되면, 이는 현재 입증된 사정거리로 인해 미국에는 엄청난 위협이 된다. 그래서 앞으로의 북미회담 과제로 핵 그 자체의 폐기 못지않게 ICBM 폐기도 주요 관심사로 떠오르고 있는 것 같다.

또 한편으로는 트럼프가 임기 내에 어떤 형태로든 북한과 가시적인 성과를 만들어서 자신의 존재감을 세계적으로 부각시키는 계기로 삼고 싶었던 것으로 보인다. 트럼프는 외교에 있어서 자국의 경제적 이득을 최우선으로 내세우는 보호무역 노선을 펼친다. 정치 군사적 외교 사안에 있어서도, 중동에서의 철군이나 군사 감축 등에서 보이듯이 경제적 이득을 앞세우는 장사꾼다운 기질을 보이고 있다. 돈에 혈안이 되어 있는 이런 이미지를 커버할 수 있는 외교적 성과에 목말라하고 있다. 이번 기회에 자기 나라의 심장부를 겨누는 북 핵무기의 위협적 상황도 제거하고, 동시에 오바마도 해결 못 한 외교적 성과를 이루었다는 찬사를 듣고 싶어 한다.

양자 간의 이해가 어찌 되었건 간에 북미관계의 실질적 진전은 우리에게 평화와 통일을 향한 중대한 전환점이 될 것임은 분명하다. 문재인 대통령은 "우리 정부는 기적처럼 찾아온 기회를 소중히 다뤄 나가겠다"고 얘기했다. 이번 기회를 반드시 성공시켜야겠다는 간절한 소망과 의지가 엿보인다.

남북 간의 평화적 교류와 통일의 필요성은 분단 상황을 극복해야 한다는 당위적 요구에서만 나오는 것이 아니다. 현재를 살아가는 우리의 삶의 문제이기도 하다. 경제적 측면을 보자. 개성공단의 실험에서 보여주었듯이 북한에는 저렴한 임금, 근면성, 언어와 문화가 통하는 양질의 노동력이 있다. 마그네사이트, 텅스텐, 금, 우라늄 등 풍부한 지하자원도 존재한다. 또한 통일은 남북 합해 200만 군대의 유지비용을 대폭 줄일 수 있다. 이러한 사항들은 통일비용을 훨씬 능가하는 장기적 이득을 안겨줄 것이다. 또 다른 측면에서 통일은 그동안 한국 정치와 민주주의 발전을 왜곡했던 냉전이데올로기를 불식시킬 것이다.

"전쟁은 정치의 연장이다"라는 클라우제비츠의 유명한 말이 있다. 정치를 어떻게 하느냐에 따라 전쟁은 일어날 수도 있고 방지할 수도 있다. 평화는 국가 간 상호존중의 자세와 지혜로운 힘의 균형점을 마련할 때 가능하다. 국가와 국민 사이의 소통과 연대도 평화를 위한 필요조건이다. 둘 사이에 갈등이 심하면 그 타개책으로 위기국면을 일부러 만드는 게 국가의 속성이기 때문이다.

그런 의미에서 복지국가로 가는 길은 평화로 가는 길이라고 할 수 있다. 기본적으로 복지국가란 사회적 위험으로부터 국민을 보호해서 삶의 안정을 추구하는 것이다. 이는 다양한 복지정책을 통한 일상적 삶의 안정과 함께 전쟁 없는 평화로운 안정을 추구하는 것이다. 보편적 복지를 추구한다는 것은 국민공동체의 연대와 배려를 기본 정신으로 한다. 안정과 평화를 가장 중요한 자기 철학과 정신으로 가져가고 있는 것이다. 복지국가로 가는 길에 남북의 평화는 필수 전제조건이다. 복지는 평화를 통해 사회적 안정을 완성해나간다. 그렇지만 전쟁은 모든 것을 파괴한다. 당연히 전쟁은 그동안 쌓아놓은 복지 안전망도 파괴한다. 그런 전쟁을 막을 수 있는 가장 강력한 시스템이 복지국가를 완성하는 것이다.

지도자에 따라 달라지는 평화

주변 강대국에 포위된 상태에서 평화를 유지하고 통일을 향해 가는 데 있어서 가장 중요한 것은 국가지도자의 깊은 평화철학이다. 그 철학의 핵심은 오로지 국민의 안위를 걱정하는 마음이다. 진정한 평화주의자는 자신의 권력 유지나 강화를 위해서가 아니라 국민의 생명과 안전을 최우선의 가치로 둔다. 그런데 이러한 철학은 복지국가를 지향하는 지도자에게서 분명히 형성된다. 복지국가는 상호존엄과 연대정신을 기본으로 하기 때문이다.

그런 의미에서 스웨덴의 '알빈 한손'과 '올로프 팔메'라는 정치인을 떠올려본다. 한손은 사회민주당으로 최초의 총리가 된 인물이다. 집이라는 공동체에서는 가족 간에 보살핌과 평등한 관계를 보여준다. 여기에 착안해서 '국민의 집'이라는 개념을 주창한 인물이다. '국가는 모든 국민의 집'이 되어야 한다는 것이다. 가족이 국가라는 영역으로 확대된 것이다.

한손은 누구보다도 개혁적 인물이었다. 그렇지만 이념에 매몰되지 않고 사회적으로 열악한 처지에 있는 사람들의 형편을 살펴서 그들의 삶을 구체적으로 나아지게 하는 것이 진정한 혁명이고 개혁이라 생각했다. 민주화가 평화적인 방법으로 점진적으로 강화되어야 한다는 신념을 가지고 있었다. 그는 열악한 재정 상태에서도 방위비까지 줄이면서 국민을 위한 다양한 복지정책을 펴나갔다.

그는 제2차 세계대전이 발발했을 때 평화주의자로서의 진면목을 보여주었다. 전쟁 중 그의 일관된 정책노선의 목표는 어떻게 해서든 스웨덴을 전쟁의 도가니에서 멀찍이 떨어뜨려 놓는 것이었다. 전쟁으로부터 국민의 생명과 재산을 보호하는 것이 유일한 관심이었다. 중립국을 선언하고 전쟁 중에 다양한 무역을 통해 경제력을 강화하였다. 거기서 쌓인 자산은 국민들의 복지를 강화하는 데에 그대로 쓰였다. 1946년 전철에서 내리다가 쓰러져 과로사하기까지 평화와 국민의 안녕만을 생각하며 살아온 지도자다.

올로프 팔메는 1969년에서 1976년, 그리고 1982년에서 1986년까지 총리로 지냈다. 그는 고용보장 강화를 통해 노동시장에 변혁을 가져왔다. 아동, 노인, 장애인, 이민자, 저임금 노동자, 한부모 가정 등 사회적 약자를 위한 파격적인 재분배정책을 내놓았다. 1975년에는 대학 무상교육을 실현시켰다.

국민의 안정된 삶을 위한 복지국가정책에 올인했던 그는 국제적 평화주의자로서의 면모도 보여주었다. 베트남 전쟁 등 모든 전쟁에 반대하는 데 앞장섰고 핵무기확산반대운동에도 참여했다. 칠레의 피노체트 군부독재나 쿠바의 바티스타 군부독재에도 맞서서 비판했다. 세계의 군부독재에 저항하는 민주화운동이나 민족운동에 적극적 지지를 보냈다.

평화를 지키는 것은 나라를 지키는 것이고 국민의 삶을 지키는 것이다. 자국의 평화를 진정으로 바라는 지도자는 타국의 평화도 진정으로 원한다. 그리고 전쟁으로부터의 평화만이 아니라 민주주의를 완성하는 과정도 평화롭게 해나가기를 바란다. 평화를 구현하는 지도자는 복지국가의 실현에도 앞장선다는 것을 위의 두 지도자는 보여주었다. 우리나라의 지도자도 주어진 기회를 슬기롭게 풀고 평화적 지도자로 우뚝 서기를 기대해본다.

07
일자리 확보와 성장 전략

나라가 온통 '일자리 늘리기'에 혈안이다. 중앙정부든 지방정부든, 여당이든, 야당이든 일자리를 늘려야 한다고 한목소리를 낸다. 일자리는 당장 국민들의 가장 기본적인 삶의 안정 조건을 만드는 일이라는 점에서 인권의 문제이기도 하다. 또한 일자리가 많이 만들어져서 청년과 실업자들이 취업하고 소비할 능력을 갖춰야 나라경제가 활성화된다.

문제는 일자리가 시장경제에만 의지하거나 기업에만 의지해서는 뜻대로 잘 안 되는 데에 있다. 정부가 아무리 기업에 투자와 일자리를 늘려달라고 하소연을 해도 기업은 기본 시늉만 한다. 대기업에서 일자리 몇 개를 만들겠다고 응답하는 걸 보면 원래 가지고 있던 새로운 충원계획을 가지고 생색내는 경우가 대부분이다. 이는 기업이 의지가 없다거나 삐딱선을 타서가 아니라 기본적으로 일자리는 경영상 필요해야만 늘릴 수 있는 자기 메커니즘이 있기 때문이다.

그럼 정부는 어떻게 해야 하는가, 길은 없는가? 복지국가 노선의 길을 더욱 확실히 가는 수밖에 없다고 본다. 그 길은 국가가 나서서 공공일자리를 만들고, 좋은 일자리와 나쁜 일자리의 격차를 해소하는 길이다. 그리고 인적자본에 대한 투자를 높여서 새로운 성장산업 일자리를 창출해야 한다. 이러한 모든 것은 보편적 복지정책을 통해서 가능한 일이다. 국가의 방향을 확실하게 잡고 시장에만 내맡기는 것이 아니라 적극적 개입을 해나가야 한다. 자본주의 시장경제는 그 자체로만 위기를 극복하지 못했다. 오히려 신자유주의는 IMF위기와 금융위기를 만들면서 스스로의 한계를 드러냈다. 정부의 개입을 통해 시장기능을 긍정적 방향으로 조정해나가야 한다.

일자리의 확대는 무엇으로 가능한지에 대한 사색의 길을 걸어보자.

일자리 확대는 공공서비스 영역부터

우리가 노후를 준비한다고 할 때, 가장 걱정되는 것이 건강 관련 분야이다. 중병이나 치매에 걸렸을 때 자식에게 부담을 주지 않고 안정적으로 치료받고 싶은 것이 모든 부모들의 심정일 것이다. 양질의 서비스와 저렴한 가격의 의료, 요양서비스에 대한 욕구가 커질 수밖에 없다. 이는 노후에 대한 대비만이 아니라 일상적 삶을 살아가는 모든 국민의 욕구이기도 하다.

또한 젊은 부부들에게 가장 절실한 일 중 하나는 보육이다. 특히 엄마들이 자신의 일을 지속적으로 이어가기 위한 필수 전제가 아이들의 안정적인 보육이기 때문이다. 그렇기에 보육에 있어서도 '양질의 서비스에 저렴한 비용'이 부모들의 공통된 바람이다.

보건의료, 육아, 장기요양, 재활 등의 서비스는 인간다운 삶을 영위하는 데 있어 필수적인 사회서비스이다. 이러한 서비스가 안정적으로 보장되지 않는다면 큰 고통이 수반된다. 누구에게나 닥칠 수 있는 일이기에 국민의 공통 관심사가 아닐 수 없다.

국민의 삶에 지대한 영향을 미치고 안정성이 중요하다면 이는 국가가 관리하는 것이 맞다. 대부분의 복지 선진국들도 국가가 중심이 되어 관리하고 있다. 그런데 우리나라는 민간에 의한 관리가 90%에 이르고 있다. 전체 의료기관 중 공공의료기관이 차지하는 비율은 5.7%이고 공공병상 수는 9.5%에 불과하다. 국공립어린이집 비율은 어린이집 수를 기준으로는 5.7%, 이용 아동 수 기준으로는 10.6%이다. 노인요양시설 중 국공립시설은 전체 시설의 2.22%이고 전체 입소 정원의 5.15%(2014년)를 담당하고 있다.[5] 매우 열악한 수준이라 할 수 있다.

이러한 민간 사회서비스가 국민에게 만족스럽다면 다행이겠지만 실제로는 많은 문제를 남긴다. 필수 사회서비스는 소비자가 정보에 어둡다는 조건으로 인해 공급자가 일방적으로 가격을 결정하는 속성을 갖는다. 예를 들면 환자는 병에 대한 전문성이 없기에 의사의 말에 의존하게 된다. 의료가격은 공급자, 즉 의사에 의해 결정되는 시스템이 정착된다.

위와 같은 부작용으로 인해 정부는 복지서비스 분야에 가격을 통제하려 한다. 그러나 이는 또 다른 부작용을 야기한다. 민간이기에 이윤보장을 우선으로 하는 운영을 하려 든다. 대표적인 것이 노동비용의 최소화다. 민간 복지 분야에서 낮은 임금과 장시간 노동으로 인한 문제가 많이 발생하는 이유다. 또 한 가지는 생산시설과 장비의 낙후이다. 이는 서비스 질의 하락을 야기한다.

따라서 필수 사회서비스 분야는 공공성을 가져야 한다. 모든 국민이 동일한 어려운 상황에서는 동일하게 충족되는 서비스를 받도록 하는 것이 필요하다. 사적 이익보다 모두의 이익이라는 관점에서 시행되어야 한다. 여기에는 국민들의 적극적 참여와 서비스의 투명한 공개가 동반되는 것이 요구된다. 이래야 무사안일과 관료주의를 극복할 수 있으며 공공서비스 본래의 의미를 충족시킬 수 있을 것이다.

보건의료, 보육, 장기요양, 재활 등의 사회서비스를 국공립화하게 되면 다양한 사회적 효과를 가져 온다. 물론 가장 중요한 효과는 국민들에게 가격과 질적인 면에서 안정적인 사회서비스를 공급함으로써 행복지수를 높이는 것이다. 그런데 이에 그치지 않고 경제적으로 고용효과와 그에 따른 소비구매력으로 경제의 활성화를 가져온다. 근무자들에게는 안정된 급료를 보장함으로써 근무의욕의 고취와 함께 민간 복지서비스, 더 나아가 중소기업의 근무환경 수준을 높이는 데에도 영향을 미친다.

특히 사회서비스 일자리정책은 그 자체의 국민적 서비스를 넘어 사회 전체의 소비성향을 끌어올려 경제성장에도 기여하는 '사회서비스 주도의 경제정책'으로까지 발전시킬 필요가 있다. 실제로 북유럽의 노르웨이는 공공사회서비스 일자리의 비율이 34%이고 스웨덴은 31%, 독일이 25%이다. 이에 비해 한국은 13%에 불과하다. 북유럽 국가에는 국가의 전략적 성장정책으로 자리매김했다는 것이다.

현재 한국에는 요양 분야나 간병 등 의료서비스 일자리들이 새로이 많이 생기고 있다. 그런데 민간 일자리로 생기다 보니 급료 등에 있어서 열악한 조건인 경우가 많다. 공공사회서비스 일자리는 결국 재원 마련과 연관되어 있지만 국가가 적극적으로 만들어나가야 한다. 급료도 안정적 생활이 가능한 적절한 액수가 보장되어야 한다. 그래야 공공일자리가 선도하면서 사회 전반의 임금격차도 줄여 나갈 수 있다. 여기에는 국민적 동의가 필요하다. 공공일자리를 늘려 실업률을 낮추고 수요확대 성장 전략으로 연결시킬 것이냐에 대한 동의가 필요한 것이다. 세계경제가 저성장 시대로 진입하면서 이제는 북유럽식 성장 모델을 주목해야 한다.

이제 사회적 일자리를 '세금을 축내는 것', '소비적인 것'으로 보는 시각에서 벗어나야 한다. 저성장 시대에 국민 안정과 성장을 동시에 가져오는 전략적 국가시스템 운영방향으로 보는 안목이 필요하다 할 것이다.

저항할 해고와 수용할 해고

2009년의 쌍용자동차 사태는 해고노동자 중 28명(부인 3명 포함)의 사망자를 기록하면서 우리사회에 커다란 '정리해고 트라우마'를 남겼다. 당시 쌍용자동차는 회사의 구조조정을 통한 회생을 위해 노동자의 37%인 2,646명의 정리해고가 필요하다고 발표했다. 노동조합의 격렬한 저항에 국가는 폭력적 진압으로 대응했다. 이는 해고자와 그 가족뿐만 아니라 우리사회에 큰 상처를 남겼다.

우리사회에서 평범한 사람들의 삶의 조건은 노동의 대가로 임금을 받아 생활하는 것이다. 그러기에 노동할 수 있는 직장을 잃는다는 것은 삶의 기본 조건을 잃는 것이요, 자신의 모든 것을 잃는 것이나 다름없다. 따라서 해고는 단순히 개인의 문제로 치부될 수 없는 중대한 사안이다.

어떤 전문가들은 고용과 해고는 시장경제에서 자체적으로 해결되어야지 제삼자가 인위적으로 개입할 필요가 없다고 얘기를 한다. 그러나 쌍용자동차에서 보이듯이 해고가 단순히 개인의 능력이나 자질의 문제로 발생하는 것은 아니다. 자본주의사회의 특성이기도

하고 한 나라의 사회경제적 구조나 기업의 경영 상태에 따라 발생한다. 물론 기업이 경쟁력이 약화되면 위기를 맞을 수 있고 그에 따른 해고가 불가피할 수 있다. 문제는 국가나 사회가 실업의 위기에 처한 해고자들에게 재기의 발판을 마련해줄 수 있는지 여부이다.

한국사회에서 해고는 삶의 파탄을 가져온다. 삶의 끝으로 인식될 정도로 퇴로가 없다. 해고자 본인만이 아니라 가족의 삶이 파탄난다. 희망을 품을 대책이 별로 없기 때문이다. 새롭게 취직하는 것도 어렵고 새로운 삶의 터전을 만들기까지 버틸만한 조건을 형성하기도 힘들다.

스웨덴의 사브 자동차 노조위원장이 2010년 대량해고 사태를 맞이하며 인터뷰한 글이다. "일하던 직장에서 해고가 된다는 것은 아쉽지만 어떡하겠습니까? 받아들여야지요. 회사도 사정이 있으니 결정을 내린 거겠죠. 회사가 우리에게 일자리를 제공하지 못할 정도로 사정이 안 좋다면 우리는 아쉽지만 다른 직종을 찾아봐야겠지요."[6] 죽음을 불사하고 싸웠던 쌍용자동차 노조원들과는 대조적인 반응이다. 왜 같은 사건에 반응이 이리도 다를까?

스웨덴에서 해고는 끝이 아니다. 새로운 삶을 개척하는 시작이 될 수도 있다. 정리해고 때 1년 동안 100% 봉급을 보전해주는 것은 물론, 1년 이내 재취업 교육 등을 책임지고, 창업비의 일부까지 회사가 지원해준다. 그래도 1년 이내에 취직이 안 되면 국가가 제공하는 실업보상을 받게 된다. 또한 전망 있고 안정된 기업으로의 취업이 가능하도록 책임을 다한다. 한마디로 '인생 이모작'이 가능할 수 있도록 국가가 끝까지 책임을 진다.

뿐만 아니라 대학 교육비가 무료이기에 새로운 학업을 통해서 업종 전환을 꿈꿀 수도 있다. 고등학교 졸업 후에 굳이 대학 갈 필요가 없어서 자기가 좋아하는 일을 했다가도 이후에 새로운 직업의 꿈이 생기면 그것을 펼칠 수 있는 나라가 스웨덴이다. 회사를 다니다가 의사나 변호사로 새로운 인생을 사는 경우들이 종종 있다고 한다. 그것은 대학 무상등록금제도와 약간의 생활비 지원이 있어서 가능하다. 더 필요한 생활비는 저리의 융자로 지원해준다.

또 다른 이유로 스웨덴 국민들의 대기업과 기업주에 대한 애정과 신뢰를 들 수 있다. 기업들은 평상시 법인세와 사회보장비 부담으로 사회복지에 기여해왔다. 복지를 통한 소득재분배가 가능하도록 토대를 만들어주는 역할을 해왔다. 기업이 비난의 대상이 아니라 국민들의 지속적 사랑을 받아온 이유이다. 이러한 신뢰가 기반이 되어 노동자들은 해고의 상황에서도 냉정하게 기업분석을 하고 경쟁력이 약화된 회사의 사정을 있는 그대로 받아들인다.

그동안 기업주들이 회사의 어려움을 기업주 자신과 기업의 각고의 노력을 통해 해결하려는 것보다도 노동자들의 희생을 먼저 요구했던 한국사회의 경우와 대비된다. 국민들의 안정된 삶을 위해서는 높은 수준의 복지가 요구된다. 이는 그만큼의 복지 재원을 필요로 하게 되고 지속적 성장이 전제된다. 국가는 그 과정에서 불가피하게 경쟁력이 떨어지는 기업들은 도태시키고 미래성장산업은 더욱 지원하게 된다.

　기본적으로 아름다운 해고는 없다. 그러나 국가의 대안 마련과 기업의 신뢰성에 따라 저항할 해고와 수용할 해고는 구분된다. 해고 없는 세상을 꿈꾸지만 어쩔 수 없다면, 새로운 시작이 가능할 수 있도록 국가적 지원이 필요하다.

　노동정책에 있어서 노동자가 실업을 당하면 우선 실업수당을 통해서 생활의 안정을 기한다. 이는 정부가 노동자 인권을 위한 최소한의 노동정책이라 할 수 있기에 이를 소극적 복지라 한다. 그러나 일자리를 만들어주는 것은 삶의 터전을 새로이 마련하는 일이기에 적극적인 복지라 할 수 있다. 적극적인 복지정책은 국민 개개인의 역량을 높여서 인적자본을 강화하는 것이다. 직업훈련, 평생교육으로 잠재능력을 높여서 재취업 또는 성장산업으로의 이동을 주선하고 책임져준다. 여성, 노인, 장애인 등에 대한 체계적 교육을 통해 경제활동인구로 견인하는 역할도 한다. 이러한 적극적인 일자리 창출은 노동자의 생활 안정, 도태산업 정리, 세원 확대, 수요 창출을 통한 경제활성화 등의 다양한 효과를 만들어낸다. 복지국가정책을 통한 적극적 복지는 국가의 경쟁력을 강화시킨다.

좋은 일자리와 나쁜 일자리

2017년 11월 제주의 한 음료공장에서 현장실습을 하던 특성화고교 3년 학생인 고 이민호군이 사망했다. 2017년 1월의 LG유플러스 콜센터에서 일명 '욕받이 부서(해지 방지 부서)'에서 스트레스를 받다가 여고생이 저수지에 투신한 사건에 이은 충격적 사건이었다.

특성화고나 마이스터고의 현장실습의 취지는 '미래 인재를 위한 현장학습 기회 제공'이라 할 수 있다. 그러나 어린 학생들에게 주어진 현실은 열악한 저임금 체제의 노동자 그 자체였다. 이민호군은 12시간씩 장시간 노동에 시달리며 저임금을 받았다. 규정에 있는 함께 근무해야 할 선임노동자가 없이 혼자 일하다 봉변을 당한 것이다. '학생'이 아니라 그냥 '노동자'였고, '학습'이 아니라 '노동'이었다. 한 대학원생이 특성화고 학생들을 대상으로 인터뷰했는데 "특성화고 학생들이 모두 자기만의 꿈을 갖고 입학했는데, 현장경험을 하면서 3년간의 꿈이 무너지는 감정을 경험했다는 말을 다수에게 들었다"고 얘기했다.

어째 이런 일들이 벌어졌을까? 직접적으로는 안전시설 미비, 업무규칙 위반 등 안전 확보 미비 등을 거론할 수 있겠다. 그러나 더 근본적으로는 '취업률 45.5% 이상인 학교'에 주어지는 정부지원금을 받기 위한 취업률 올리기에 급급한 학교의 문제를 들지 않을 수 없다. 또한 기업들이 현장실습을 부리기 쉬운 장시간 노동력 확보로 이용하는 문제이다. 가히 이 두 가지의 합작품이라 할 수 있겠다.

학교는 학생의 전공이나 적성 등을 고려하여 신중한 선택을 하지 않고 우선 취업률 경쟁에 열을 올린다. 회사는 학생들에게 다양한 실습경험을 체험하고 스스로 판단할 수 있는 기회를 제공하는 것이 아니라, 학생 신분을 이용해 기업 이득을 최대한 취한다.

교육부가 대안을 내놓았다. 2018년부터 지금의 현장실습제도를 폐지하고 '현장실습을 노동이 아닌 학습중심으로 바꾼다'는 것이었다. 회사의 급여가 아닌 현장실습지원비로, 기간도 6개월에서 3개월로 줄인다는 것이었다. 기본 방향은 맞을 수도 있다. 그러나 나는 우리의 현실에서 보다 근본적으로 문제를 해결하지 않으면 이러한 방안이 성공하기 어렵다고 생각했다.

그것은 '좋은 일자리'와 '나쁜 일자리' 문제이다. 우리사회는 일자리의 양극화가 극심하다. 우리사회에서 소위 좋은 일자리는 어디일까? 아마 상당수가 공무원과 대기업이라고 대답할 것이다. 그것은 대졸자들을 포함한 모든 취업생들의 로망이다. 그런데 안타깝게도 이런 일자리는 공무원 7%, 대기업 5% 해서 10% 조금 넘는 수준이다. 대졸자들도 꿈꾸기 힘든 이런 일자리가 특성화고생들에게는 '그림의 떡'이다.

그러면 이들은 "공부 못해서 그런 데 간다"는 사회적 편견과 모욕을 안고 당연히 열악한 일자리로 가야 하는 것인가? 가정형편과 환경적 요인으로 일찍이 취업전선에 뛰어드는 고졸 학생들에게 우리

사회는 희망 대신 절망이나 공포심을 안겨줘도 되는 것인가?

　스웨덴 쇠데르텐 대학에 근무하는 최연혁 교수는 "스웨덴은 기술고등학교만 나와도 일반 중산층으로 편입될 수 있는 시스템을 갖춘 사회"라고 말한다. 예를 들면 배관공의 경우, 오전 10시에 출근해 오후 12시 반까지 일하다가 점심식사를 하고 오후 2시부터 일해 4시 반에 끝내는데, 이런 식으로 일주일간 일하면 급여로 3만크로나(약 5백만 원)을 받게 된다는 것이다.[7] 얼마나 부러운가? 학벌로 직위나 급료가 정해지지 않는다는 얘기다. 일자리 격차가 적다는 얘기다. 자기가 하고 싶은 일을 열심히 하면 충분히 안정된 생활을 할 수 있다는 얘기다. 우리도 이런 사회를 만들어야 하지 않을까?

　좋은 일자리와 나쁜 일자리의 격차를 줄이고 좋은 일자리를 대폭 늘리기 위해서는 다음과 같은 정책 시행이 필요하다. 우선, 정부가 주도하는 좋은 조건의 사회적 일자리를 대폭 늘렸으면 한다. 좋은 일자리는 급료가 좋고, 안전하면서 지속적 안정이 예상되는 곳이어야 할 것이다. 공공사회서비스 일자리를 늘리되 좋은 조건을 만들어주어야 한다.

　두 번째는, 소득재분배정책을 통해 중산층을 두텁게 하여 직업 간 격차나 차별이 약화되게 해야 한다. 누진적 세수정책을 편다. 보편적 복지로 사회임금을 대폭 높인다. 직업 간 존중 문화를 만든다. 동일노동 동일임금정책을 편다. 이러한 일련의 과정을 통해 일자리 격차가 줄어들면 교육도 정상화되고 자기 적성을 찾아 취업하는 풍

토를 만들 수 있다.

　세 번째는, 국가가 중소기업에 대한 대대적인 지원책을 마련해야 한다. 기술지원, 자금지원, 복지혜택을 통해 대기업의 80% 수준으로 끌어올려야 한다. 그리고 장기적으로 여러 제도 마련을 통해 직업 간 임금격차를 2배수 이내로 줄여나가야 한다.

　대학은 주위 시선을 의식하거나 부당한 대우를 받을까 봐 막연히 가는 곳이 아니라 꼭 필요한 사람들이 가는 곳이어야 한다. 자기 적성에 맞게 일찍 일을 하고 싶은 특성화고생들에게 대졸자와 차별 없이 일할 수 있는 사회를 만들어야 한다. 그래야만이 위와 같은 비극을 막을 수 있을 것이다.

자영업자의 부서진 미래

우리나라가 자영업이 많다는 것은 외국에 나가보면 금방 알 수 있다. 예전에 호주와 미국을 가볼 일이 있었는데 일반 주택가에서는 상점을 찾아보기 어렵다. 필요한 물품을 구입하려면 특별히 멀리 찾아 나서야만 한다. 한국에서는 번화가는 말할 것도 없고 어느 주택가 골목에 들어서도 음식점과 잡화점, 호프집 등을 흔히 만날 수 있다. "저 많은 가게들이 제대로 벌이를 하고 있을까?" 하는 의문이 들 때가 많다. 주민들의 생활 안정을 걱정하는 게 내 직업이다 보니 남의 일 같지가 않다.

　그 우려는 현실로 되어 우리는 눈뜨고 나면 주변의 가게 주인과 간판이 교체되어 있는 것을 수시로 목격하게 된다. 2018년 6월 10일자 신문에서 자영업자들의 영업이익 증가율이 1.0%에 그쳤다는 보도가 있었다. 1990년대에는 12.0%, 2000년대에는 2.8%의 증가율을 보이던 것이 1%로 내려앉은 것이다. 자영업의 대표업종들인 음식점, 학원, 문방구, 슈퍼마켓 등의 매출과 영업이익률은 계속적으로 감소 추세이다. 통계에 의하면 우리나라에서 창업 뒤 3년 만에 문 닫는 곳이 70%에 이른다고 한다. 하루 평균 3,000명이 창업을 하고 있고 2,000명이 폐업 신고를 한다. 자영업 생존율이 1/3에 그친다고 볼 수 있다.

　왜 이리 자영업자들의 경영환경은 열악할까? 우선 우리나라는 자영업자가 너무 많다. 5년 전쯤까지 한국에서 전체 경제활동인구 중 자영업자가 차지하는 비율은 29%에 달했다. 우리보다 비중이 높은 국가들은 그리스 35%, 터키 34%, 멕시코 32% 등 극소수에 불과하다. 미국 7%, 노르웨이 7.7%, 덴마크 8.8%, 캐나다 9.2%, 독일 11.6% 등의 선진국들은 10% 내외의 통계를 보이고 있다. OECD 평균은 15.8%(2011년)이다. 2017년 6월 기준으로 한국은 25.5%(무급 가족종사자 포함) 수준을 보이고 있는데 여전히 높다.

　자영업 비중이 높은 국가들은 대표적 관광국가라는 특성을 보이고 있는 데 비해 제조업 비중이 높은 우리나라는 비정상적이라 할 수 있다. 그로 인해 과당경쟁이 불가피하다. 한 예로 인구 1천명당 음식점 수를 비교하면, 미국은 0.6개이지만 우리는 10.8개로 과밀 정도가 심각하다. 다시 말하면 미국은 음식점 하나가 평균 1,600여 명을 상대로 영업을 하지만 한국은 93명을 상대로 영업해야 한다는 얘기다.

이렇게 자영업 비중이 높은 것은 특히 1997년 외환위기 이후 대량의 정리해고가 이루어진 것이 결정적이었다. 이는 본인이 원해서라기보다는 어쩔 수 없는 선택으로서의 비자발적 자영업자가 대거 양산된 것이다. 준비과정이 부족한 채로 쫓기듯 급히 뛰어들다 보니 자영업의 70%가량이 고용원 없는 영세 자영업자 수준이다. 청년실업도 한몫하고 있다. 2008~2014년에 창업한 15~29세 청년들을 설문해본 조사가 있다. 조사대상의 57.9%가 창업의 동기를 "창업 이외에는 다른 선택의 여지가 없어서"라고 답했다.

이와 같이 과대 비중의 자영업자 구조는 동일업종 간 과당경쟁을 낳게 되고 경영위기에 빠뜨린다. 1인 가구가 증가하고 회식문화 등이 쇠퇴하면서 소비심리가 위축되는 것도 어려움을 가중시키는 한 요인이다. 대기업의 골목상권 침범도 해결해야 할 문제이다. 또한 임대료의 급격한 상승은 흑자 도산을 만들어내기도 한다. 최근에는 최저임금제로 인한 어려움을 토로하기도 한다. 그러나 자영업의 위기는 최근의 문제가 아니라 오래전부터 깊고 넓게 확대되어 왔다.

단기적으로는 대기업의 골목상권을 막는 법률 제정, 임대료 제한법의 제정, 최저임금에 대한 영세업자 보호지원책 등의 대안을 만들어가야 할 것이다. 또한 자영업자의 폐업에 대비해 실업보험제도 더욱 강화하고(현재는 3년 미만의 가입기간을 갖는 경우 3개월 보험수급) 재기의 발판을 마련해주는 실질적인 산업교육과 취업정책이 요구된다.

그러나 더 근본적으로는 비자발적 자영업자가 대거 만들어지지 않도록 사회구조를 디자인해야 한다. 안정된 수입이 보장되는 공공일자리와 사회적 일자리 등을 대폭 확대해서 자영업자들의 퇴로를 마련해줘야 한다. 체계적이고 실질적인 직업훈련으로 신성장사업으로의 취업이 가능하도록 적극적인 지원책이 요구된다.

자영업자의 미래는 산산이 부서지고 있다. 희망이 보이지 않는다고 한다. 이들의 미래를 좀 더 환히 비추는 국가의 사회안전망 확대와 적극적 복지정책이 요구된다.

08
내 삶을 바꾸는 '가까운 정부'

'가까운 정부'와 복지

그 어느 때보다도 이번 정부에서만큼은 자치분권을 제대로 실현시켜보자는 기대와 논의가 정치권에서 커지고 있다. 그러나 막상 지방자치의 수혜를 입을 대상인 시민들은 그다지 큰 관심을 보이지 않고 있는 것 같다. 아마도 그것이 가져다줄 변화에 대해 현실적으로 피부에 와닿지 않아서 일게다. 또한 여전히 존재하는 중앙이나 지방정치에 대한 곱지 않은 시선도 한몫한다고 볼 수 있다. 지방자치는 내 삶에 어떤 영향을 줄지를 진지하게 생각해볼 때이다.

지방정부를 '가까운 정부'라고도 한다. 말 그대로 우리가 접근하기 어렵고 거리도 먼 중앙정부와 달리 참여하기 쉽고 가까이 있는 정부를 가리킨다. 주민들이 당면한 실질적 문제를 해결할 수 있는 생활정치가 이루어지려면 주민에게 좀 더 가까이 가야 한다는 의미이다. 우선은 시·군·구 단위의 기초자치단체를 말하고 좀 더 확대되면 광역 시·도 자치단체를 말한다. 과연 지방정부가 예산과 자율적 권한이 커지고 제대로 역할을 할 수 있다면 우리의 일상에는 어떤 변화가 일어날까?

우선적으로 수도권 과밀화와 지방권 쇠퇴의 문제를 해결해나갈 수 있을 것이다. 인구집중으로 악명 높은 세계 대도시 중 일본 동경권(28%)과 비교해도 우리 수도권(49%)은 훨씬 심각하다. 수도권 밀집이 만성적 교통체증과 환경오염, 높은 집값 문제를 야기한 지는 오래되었다. 수도권 밀집은 지방의 공동화현상을 낳았다. 청년들이 서울로 몰려오고 노인들만이 시골을 지키고 있다. 3~4개의 군 단위가 합해져야 국회의원 지역구 1개를 만들 지경이 되었다. 인구수 기준으로 구역을 정하다 보니 너무 넓은 지역을 감당해야 해서 군민들의 권익을 대표하기에는 과부하가 걸리고 있다. 지방도시도 일자리가 적어지니 활기를 잃는다.

제대로 된 자치분권은 분업, 분산, 분권의 국가균형발전으로 나아갈 수 있다. 지역별 특화된 전략산업을 육성하는 분업, 혁신도시 형성으로 관련 기업 이전 등의 적절한 분산, 중앙의 각종 권한과 재원의 지방 이양으로 실질적인 분권이 이루어질 때 균형발전은 완성되어질 것이다. 이를 통해 일자리를 양성함으로써 지방대학 육성과 함께 지역할당 취업을 적극화한다면 굳이 지방의 청년들이 수도권으로 몰려들 이유는 없을 것이다. 또한 지방자치는 지역의 특성과 문화를 발전시킬 수 있다. 함평의 나비축제나 화천군의 산천어축제는 좋은 예이다. 지역의 고유한 특색을 살리면 주민들의 자긍심을 높이고 지역경제를 활성화시킨다.

 우리가 일상에서 여러 모임에 참여하는 경우에는 그 모임에 관심이 있어서다. 관심은 무엇인가 자신의 삶에 도움이 될 때 생긴다. 경제적 이득일 수도 있고 자아성취에 도움이 되기 때문일 수도 있다. 주민에 가까운 정부가 구체적인 생활 문제를 해결하면 주민들이 공동체 문제에 관심을 갖게 된다. 참여를 촉진시켜 공동체에 대한 책임감이 높아지는 효과도 가져온다. 나의 삶에 변화를 주는 일을 참여를 통해 스스로 결정할 수 있다면 얼마나 의미 있는 일인가? 우리나라 정부는 읍면동 단위의 주민자치위원회가 형식적이고 제한적인 권한이 아니라 예산권도 일정 확보하고 집행의 권한도 갖는 방안을 모색하고 있다. 그럴 때만이 지방정치의 권한만 확대되는 것이 아니라 주민이 참여하는 실질적인 지방자치가 이루어질 수 있다고 보고 있는 것이다. 바람직한 방향이라 판단된다.

 스웨덴의 지방자치는 우리나라의 도에 해당하는 란드스팅이 있고 기초단체에 해당하는 코뮌이 있다. 란드스팅의 역할은 주업무로 국민 보건과 의료서비스, 교통체계 구축, 문화공공서비스 영역을 담당한다. 기초자치단체에 해당하는 코뮌은 주민의 일상에 직접적 영향을 주는 보육, 노인정책, 교육, 주택, 공중보건 등 복지 전반을 담당한다. 지방정부가 지방세 31%를 직접 거두어 2/3를 기초자치단체인 코뮌에서 쓰고 1/3은 광역단체인 란드스팅에 배분한다. 세금을 얼마나 거둬서, 어떻게 쓸지를 지방정부가 결정한다. 지방의회에 대한 주민의 관심도 매우 높다. 이는 지방선거 투표율이 90%에 육박하는 것에서 여실히 드러난다. 그러기에 우리나라도 지방정부가 명실상부한 자율적 권한을 가져야 한다.

복지정책과 관련해서 중요한 것은 '복지전달체계의 중심이 지방정부'란 것이다. 국민에게 이루지는 복지서비스가 분권화를 통해야 효율성을 높일 수 있다. 시민들의 사정을 잘 알아야 하고 상호 소통이 가능한 것은 지방정부이어야 된다. 그런 의미에서 지방정부가 제대로 분권화가 이루어지고 자율성이 있어야 복지정책은 유연하고 창의적으로 시민들에게 전달될 수 있다.

그래서 지방자치는 경제적 효율성이라는 잣대로만 판단해서는 안 된다. 일정 비용을 들여 주민의 행복도를 높인다면 경제적 비용 그 몇 배의 사회적 가치를 가질 수 있다. 가끔 경제적 효율성을 내새워 '지방정부 무용론'을 주장한다든지 '의원수를 줄이자'는 주장이 심심치 않게 터져 나온다. 그것의 기준은 단순히 경제성이 아니라 주민의 행복도, 사회적 안정성이 되어야 한다.

스웨덴에 가장 작은 기초지방정부로 비우르홀름 코뮌이 있다. 인구는 2천5백명가량 되는데 기초의원은 31명이나 된다. 의원수가 조금 많다, 적다 내부 의견도 있다고는 하지만 그렇게 제도를 유지하고 있다. 이는 스웨덴 사회가 주민들을 대변해서 의견을 반영하고 소통하는 것의 중요성을 그만큼 높이 평가하기 때문이라는 것을 기억할 필요가 있다.[8]

지방분권과 삶의 질

몇 년 전 메르스사태 때 지방자치단체는 중앙정부의 조치만 바라보아야 했다. 최근의 지진, 화재 때도 지방자치단체의 권한과 역량이 좀 더 컸더라면 하고 아쉬움이 있었다. 신속한 대응은 가까운 곳에서 나오기 때문이다. 그러나 현실은 그렇지 못하다.

현재 우리나라 지자체의 평균 '재정자립도'는 약 50% 정도이다. 국세와 지방세의 세입비율이 8:2가 되는 상황에 기인한다. 따라서 나머지 절반은 중앙정부에서 교부금이나 보조금 형태로 지원해주는 돈에 의존해서 살림을 해야 한다. 그러다 보니 재정지출의 자율성도 제약된다. 지자체가 정책집행을 위해 지출하는 총 비용 중 약 52%인 65.2조 원이 국고보조사업이다. 즉 중앙정부가 이미 결정해놓은 사업을 해당 지역에서 집행만 하는 데 드는 비용이다. 지방에서 거의 손도 못 대보고 고스란히 중앙정부 지침대로 따라야 한다는 얘기다.

지방의회의 입법 기능에 있어서도 국회의 '법률이 정한 범위'로 제약되어 있어서 지자체의 권한과 업무 영역을 넓히는 데 한계를 갖고 있다. 지역의 고유한 문화나 특성을 반영한 조례를 제정하려 해도 법률의 벽에 부딪쳐 극히 지엽적인 조례제정에 머무르고 마는 경우가 부지기수다. 이 외에 전체 행정과 사무기능을 보면 중앙에 70%가 집중되어 있다. 그나마 지방에 넘겨진 위임사무도 직접적인 간섭이나 감독이 불가능한 것이 대부분인 실정이다.

요즘 지방분권이 많이 회자되고 있다. 문재인 대통령도 2018년 6월 지방선거에 동시 개헌을 추진하여 자치분권을 포함시키려는 의지를 보였지만 야당의 협조가 없어 이루지 못했다. 다른 정치적 이해관계의 대립으로 무산되었다. 왜 이 시점에서 우리는 자치분권을 강화해야 하는가?

첫 번째는 '국민 참여'라는 민주주의적 가치이다. 국민들의 참여를 활성화하려면 행정이 가까워야 가능하다. 자치분권이 제대로 실현될 때 참여민주주의가 가능하다. 자신의 공동체 발전을 스스로 만들어가는 역할을 할 수 있다. '알렉산더 토크빌'이라는 정치이론가는 "기초자치정부의 운영이 시민의 손이 닿을 수 있는 곳에서 이루어질 때 시민에게 자유를 가져다준다. 그뿐 아니라 자유를 어떻게 누리고 어떻게 활용하는지를 가르쳐 준다"고 했다.

두 번째는 경제적 가치이다. 프랑스는 세계화가 진행되는 1980년대에 대대적인 지방분권을 강화해서 강대국으로 진입하는 단초를 만들었다. 2003년에는 헌법 1조에 '프랑스는 단일 공화국으로서 그 조직이 지방분권화된다'고 명문화했다. 장 버나드 프랑스 파리정치대학 교수는 프랑스가 중앙집권적 체제를 유지했다면 제 2차 대전 상처를 극복 못 했을 것이다. 오늘날의 세계적인 강대국이 될 수 있었던 것은 지방분권형 개헌과 강력한 추진으로 도시권과 지방이 경쟁력을 갖추었기 때문이라고 했다.

세 번째는 국민 복지적 가치이다. 보육, 교육, 의료, 저출산, 노인정책 등의 복지는 우리의 삶에 절대적 영향을 끼친다. 커다란 정책방향은 중앙정부에서 제시하는 것이 맞지만 구체적 정책은 시민들과 긴밀히 소통하고 요구를 잘 읽어낼 때 가능하다. 그러려면 가까운 정부가 필요하다. 한 예를 들어보면 시골과 도시의 노인인구 비중은 다르다. 삶의 조건과 질병의 종류도 다르다. 그러기에 노인복지에 대한 재정비율이나 방법도 달라야 한다. 그러나 현실은 중앙정부의 획일적이고 일방적인 정책과 조치 속에서 지방자치체의 권한은 제한될 수밖에 없는 실정이다. 국민의 의견을 반영 못 하고 창의성을 훼손한다.

시민에게 복지전달체로서의 지방정부는 사회적으로 위험한 가정에 촉수를 뻗친다. 독거노인들의 삶을 돌보고 긴급 위험이 발생할 때 보호할 수 있는 장치를 마련한다. 기초생활수급자들에 대한 발굴과 보호를 한다. 기초연금수급자를 분류 정리한다. 이러한 전달과정에서 복지체계를 정비하고 보완해나간다. 이러한 역할이 더욱 효율성을 가지려면 자율성의 강화가 뒷받침되어야 한다.

프랑스, 스웨덴 등 선진 복지국가들은 공통적으로 지방자치의 권한이 크다. 지방정부의 자유로운 발전과정에서 형성된 분권과 자율성은 이 나라들이 복지국가가 되는 필요조건이었다.

09
장애인, 환자에서 시민으로

동등한 가치와 동등한 권리

최근에 발간된 『너와 함께한 모든 길이 좋았다』라는 책에서 윤영씨는 휠체어를 타고 비장애인 연인과의 유럽여행 경험을 담아냈다. "한국에서는 호기심, 친근감이라는 가면을 쓴 질문 세례를 받았는데 유럽에서는 아무도 자신을 쳐다보지 않았다"고 했다. '시선으로부터의 자유'가 주는 충만한 느낌을 맘껏 누릴 수 있었다. 유럽인들이 무관심해서가 아니라 자신을 보통시민으로 대해줬다는 소회일 것이고 그 자체만으로도 해방감을 느낄 수 있었을 것이다.

우리는 장애인을 볼 때, 장애인 얘기나 정책 관련 소식을 들을 때 어떤 생각을 하며 살고 있는가? 이들의 삶은 우리와 무관한 남의 일에 불과한 것인가? 보건복지부(2012년) 발표에 의하면 장애는 질병(55.1%), 사고(35.4%) 등 90% 이상이 후천적 원인에 의해 발생한다고 한다. 게다가 전체 장애인의 40%가 65세 이상이라고 한다. 이는 노인이 되면 장애의 확률이 높아진다는 것이고 누구나 장애인이 될 수 있다는 얘기다. 우리나라의 장애인은 약 268만 명으로 전체인구의 5.6%에 해당한다.

우리는 한동안 장애인을 사회가 보호해줘야 할 대상으로만 생각했다. '그들이 무엇을 원하는가'보다는 '생존을 위한 최소한의 생활비 지원'이라는 생각에 머물렀다. 그러나 그들의 요구나 꿈은 다르다. 장애를 의식하지 않고 사회구성원으로서 참여하며 당당하게 살아갈 수 있기를 원한다. 동등하게 교육받고, 어디든지 원하는 곳으로 이동할 수 있고, 일자리를 가지며 사회적 참여를 통해 자신의 권리를 말하고 자신들을 위한 법률 개정에 나서기를 원한다.

선진 유럽국들의 장애인정책은 '모든 사람은 동등한 가치를 지니며, 동등한 권리가 보장된다는 원칙'에서 출발한다. "장애인이 정상적 생활을 누려야 한다"는 '정상화 원칙'을 목표로 한다. 이를 위해 사회적 접근성을 최대한 보장하는 방향으로 가고 있다. 장애를 가진 개인을 돕는 것에만 초점을 맞추는 것이 아니라 그를 둘러싼 환경과 조건 속에서 이들이 정상적 생활을 할 수 있는지에 중점을 두는 것이다. 자신의 일상생활 속에서 스스로를 관리하고 자립할 수 있는 여건을 만들어주는 것이 중요하다고 볼 수 있다.

"환자에서 시민으로"

스웨덴 국회에서 2000년에 장애인정책에 관한 국가행동계획으로 채택한 표어이다. 혁신적 발상의 전환이다. 기존에는 장애인정책을 주로 사회 문제와 복지 사안 중심으로 접근했다면, 민주주의와 인권을 강조하는 시민적 관점으로 하겠다는 선언이었다. 돌봄의 대상으로 선별적으로 접근한 것에서 인간으로서의 권리라는 보편적 접근을 한 것이다. 국가행동계획은 "첫째, 모든 사람들은 모든 사안 처리나 결정 과정에서 우선적으로 장애인의 입장에서 생각한다. 둘째, 스웨덴 사회의 모든 분야와 장소는 장애인을 기준으로 한다. 셋째, 장애를 가진 사람은 우선적으로 존중되어야 한다"라는 세 가지 원칙을 제시했다.[9]

장애인 운동단체들은 2012년부터 광화문역에서 '장애인등급제 폐지', '부양의무제 폐지', '수용시설 폐지'를 내걸며 5년간 농성을 해왔다. 그러다가 2017년 9월 5일 보건복지부 장관의 해결약속을 받고 해제했다. 그 요구가 받아들여져 2019년 올해부터 장애인등급제는 폐지한다고 발표했다. 그렇지만 앞으로의 추진과정에서 계속 이슈로 나올 것이기에 그 요구의 의미를 살펴볼 필요가 있다. 이들의 요구를 보면 장애인 과제의 현주소를 알 수 있다.

'장애인등급제'는 장애 정도에 따라 1급~6급으로 등급을 매기는 것이다. 등급에 따라 서비스가 획일적으로 이루어지기에 장애인 각각의 편의를 고려치 못한다. 3급 이하 판정을 받으면 활동보조서비스를 받을 수 없고 장애인 연금도 받을 수 없다. 등급제는 폐지되어야 하고 각자의 상태에 따라 정상인의 삶을 사는데 무엇이 부족한지를 살펴서 소통과 배려로 맞춤형 서비스가 이루어져야 한다.

'부양의무제'는 가족 중 부양의무자가 생존해 있으면 극빈자나 장애인이라도 기초수급 대상에서 제외하는 것이다. 이는 나의 정치활동 과정에서 가장 많이 받는 민원이기도 하다. 자식들로부터 실제 지원을 못 받거나 연락이 끊겼어도 자식의 존재 그 자체만으로 생존권이 박탈되는 것이다. 이를 폐지해서 억울한 일을 피하고 기본적 생존권을 보호해야 한다.

장애인 시설수용은 장애인들을 사회로부터 격리시켜서 지원하는 것이다. 이는 장애인들의 사회적 참여를 막는다는 점에서 문제가 있다. 당장 시설 폐지는 어렵더라도 탈 시설 과정을 통해 독립적이고 자율적인 생활의 길로 나아갈 수 있는 환경을 지속적으로 만들어주어야 한다.

현 정부는 장애인등급제를 2019년 올해부터 폐지하고 부양의무제는 2018년 10월부터 폐지했다. 다행스런 일이다. 그동안 복지 사각지대에 있던 장애인들의 권익이 신장될 것이다. 그렇지만 구체적 추진과정에서 장애인 인권을 존중하고 '정상화의 원칙'을 확고히 하는 방향 설정 하에 이루지기 않으면 또 다른 난관에 부딪힐 수 있다. 우리 스스로도 장애인을 '환자에서 시민'으로 대하고 장애인정책을 우리 모두의 일로 인식하면서 대책을 마련해나가야 한다.

장애인 일자리 모델 '삼할(SAMHALL)'

장애인들의 염원은 본인이 장애인이라는 것을 스스로도 인식하지 못할 만큼 시민 속에 시민으로서 더불어 살아가는 것이다. 따라서 정상적 생활을 누려가는 '정상화의 원칙'이 장애인정책의 목표가 되어야 한다. 그 중심에 일자리 문제가 자리 잡고 있다.

현 정부는 국민의 일자리 해결을 국정과제의 중심에 놓고 있다. 장애인 일자리에 있어서도 다양한 시도를 하고 있다. 장애인을 고용하면 중소기업에 상시근로자 1인당 1,000만 원 공제의 세제지원을 한다. 장애인 의무고용비율(민간 2.9%, 공공 3.2%)을 초과하는 경우에는 지원금을 확대한다. 예를 들어 중증장애인 1인당 40만 원 지원하던 것을 50만 원으로 증액한다고 한다. 장애인 일자리도 1만6천 명으로 확대하겠다고 약속했다. 바람직한 일이고 이러한 지원을 앞으로도 더욱 확대해야 할 것으로 보인다.

그런데 문제점은 이런 조치들이 장애인 입장에서 보면 본인이 채택되도록 수동적으로 기다려야 한다는 것이다. 또한 의무할당제가 중증 장애인(정신적 장애, 복합장애)보다는 경증 장애인(신체장애)에 편중되어 있다. 일하고 싶은 모두에게 일할 수 있는 조건을 마련해주기에는 아직 많이 미흡하다. 장애인 재활시설의 경우도 최저임금에 한참 못 미치는 낮은 임금인 경우가 많고 중증 장애인 비율이 낮다는 문제점을 여전히 갖고 있다.

스웨덴에 삼할SAMHALL이라는 장애인 국영기업이 있다. 우리가 본받고 참고할 만한 모델기업이라 생각하기에 읽은 책(『복지국가 스웨덴』, 신필균 저)과 기타 자료에 의거해 소개하고자 한다.

삼할은 스웨덴에서 1960년대에 직업훈련 형태로 시작되었는데 1980년 국가기업으로 설립되었다. 정부가 소유자로 총체적 책임을 짊어지나, 민간에 의한 주식회사 형태로 운영되는 독특한 구조를 갖고 있다. 200개 도시에 걸쳐 2만4천 명(비장애인 2천여 명 포함)의 직원들이 있고 250여 개의 자회사를 두고 있다(2016년). 2006년의 실적을 보면 순 매출액이 72억1천만크로나(1조2천억 원)에 달했다.

정부가 삼할에 매년 의무사항으로 요구하는 것은 다음과 같다. 반드시 일정 수의 장애인을 고용할 것, 일정 비율의 훈련된 장애인이 삼할 밖의 일반 직장으로 전환하게 할 것, 적어도 40% 이상의 중증 장애인을 고용할 것, 회사의 재정 균형을 이룰 것 등이다.

삼할만이 갖는 주요 특징이 있다. 우선, 기본목표는 장애를 가진 개인이 주어진 일을 완수하는 과정에서 자기능력을 개발하고 발전시켜 자신감을 고취시키는 것이다. 그 결과로 일반회사로 매년 5%의 직업 전환을 추진하고 있고 실제 이루어지고 있다. 적응을 잘 하도록 5~6명의 동료와 함께 일반회사에 취업하는데 1년 이내에 적응이 어렵다고 밝히면 돌아올 수 있다. 현재는 약 40%가량이 돌아오고 있다고 한다.

두 번째는 다른 회사처럼 일이 없다고 해고하지 않는다. 계속해서 할 수 있는 다른 일을 찾아준다. 이는 장애인의 일할 권리를 국가가 보장해준다는 국영기업인 삼할의 설립취지에 부합하는 것이다.

세 번째는 작업장에서는 장애인을 여러 가지로 보호하지만 시장에서는 민간기업과 경쟁한다는 것이다. 기업은 장애인에게 작업능력에 상관없이 최저임금을 보장해준다. 기업에는 정부가 장애인 1인당 60%의 임금을 지원한다. 비장애인과 같은 노동생산성을 갖기 힘들기에 기업의 경쟁력을 위해 지원해주는 것이다. 그러나 시장에서의 판매는 일반 상품과 비교해서 질적으로 떨어지지 않아야만 매출을 올릴 수 있기에 경쟁을 해야 한다.

본인이 일할 의지가 있으면 적극적으로 맞는 일을 찾아주는 곳이 삼할이다. 장애인 일자리의 새로운 모델을 보여준 삼할에서 우리의 가야 할 방향을 생각해보았으면 한다. 어떤 '삼할' 직원의 말이다. "우리가 믿는 것은 모든 사람들이 사회에 어떤 일을 할 수 있는 개인적인 능력이 있다는 것이고, 단지 어떻게 그 일들을 찾아내느냐가 가장 중요하다. 여기 있는 직원들은 장애인들이 개개인에 맞는 일을 반드시 찾아낼 수 있다고 믿고 있다."

일자리는 장애인이 사회로 진입하는 통로이다. 일을 통해 사회와 결합한다. 사회와 소통한다. 본인이 보통 인간이고 사회의 일원임을 느낀다. 본인도 이웃에 사회에 뭔가 기여를 하고 있다는 것에 보람을 느낀다. 이들은 단순히 보호의 대상이 되고 폐쇄적인 복지시설에서 생활하는 것을 탈피하고 싶어 한다. 사회에서 같이 호흡하며 시민으로 살아가기를 희망한다. 이들에게 그러한 꿈을 실현하는 일자리 창출에 매진해야 한다. 복지국가의 중요과제다. 삼할과 같은 기업을 기대하고 실현하자.

10
다문화가 평화롭게 공존하는 대한민국

내가 살고 있는 안산에는 많은 외국인과 다문화인이 살고 있다. 등록 외국인 83,000여 명(한국계 비국적 취득자 포함)이 있는데 비등록 외국인까지 포함하면 10만여 명으로 추산된다. 100여 개 나라가 함께 살고 있는데, 국가별로 100여 명이 넘는 데는 중국, 우즈베키스탄, 러시아, 베트남, 인도네시아, 필리핀 순으로 25개 나라 정도 된다. 원곡동의 한 초등학교에는 한 반에 한국인이 3~4명에 불과할 정도로 본의 아닌 국제학교가 되어 있다

 10여년 전에는 외국인 밀집 지역인 원곡동에서 한국인과 외국인 사이에 갈등도 많았다. 우선은 다주택을 가지고 있거나 장사를 하는 한국인들이 "이곳이 슬럼화되어 상권의 가치가 떨어지고 집값이 떨어진다"며 외국인 유입을 막아달라는 민원이 많았다. 그러나 수년이 지나고 나서는 그런 민원이 쏙 들어갔다. 어느새 서로 상생하는 관계

가 되어버렸기 때문이다. 기존에 공실이 많았던 다세대 주택 월세방을 외국인들이 메워주었고 슈퍼, 핸드폰, 안경점의 주 고객이 되었던 것이다. 지금은 혹시 외국인이 빠져서 골목상권이 죽을까 봐 걱정하는 상황이 되었다.

그런데 일반인의 외국인에 대한 인식이나 공생하려는 마음은 여전히 부족하다. 특히 저개발국가 외국인에 대한 시선이 곱지 않다. 잠재적 범죄자나 일자리 침탈자, 환경오염자 등의 부정적 시선들이 있다. 진보적 의식을 갖는다는 나도 이성적으로는 그렇지 않은데 가끔 무의식적으로 서양인과 아프리카 또는 동남아인 사이에 그들을 대하는 데 있어서, 차별적 의식이 있다는 것을 발견하고 스스로 깜짝 놀랄 때도 있었다. 의식적인 노력으로 공동체의식을 갖는 훈련이 필요하다는 생각을 하게 된다.

세계적으로 이민자와 난민으로 인해 몸살을 앓고 있다. 해결 방안을 놓고 머리를 싸매고 있다. 유럽과 중동만큼의 심각성으로 다가오고 있지는 않지만, 코리안 드림을 안고 찾아오는 외국인과 서서히 노크하고 있는 난민에 대한 우리의 자세는 어떠해야 하는지 생각해 보자.

'코리안 드림'을 갖는 자들에 대한 시선

나라마다 '이민자와 난민 등을 어떻게 대할 것인가?'가 커다란 사회 문제로 대두되고 있다. 한국도 이주민 숫자가 급속도로 늘어나고 제주 난민 문제 등이 불거지면서 다문화정책 전반에 대한 관심이 커지고 있다.

2018년 한국에 체류하고 있는 외국인수는 225만여 명이다. 2005년에 10만여 명도 안 되었는데 그새 20배 이상 증가했다. 이 중 주민등록인구, 즉 국적자도 4.45%나 된다(2018년 8월). 결혼이민자, 귀화자가 2016년에 30만 명을 넘어섰으니 자녀들을 포함한 다문화 가족만 해도 100만여 명에 이른다. 2018년 6.13 지방선거에 투표권을 가진 외국인이 10만6천2백 명이었다. 외국인을 받아들일 것이냐, 아니냐의 문제를 논하는 것이 의미가 없을 정도로 이미 우리 사회의 중요한 구성원으로 자리 잡아가고 있다.

우리도 한때 '아메리칸 드림'을 꿈꾸고 '저팬 드림'을 꿈꾸었던 시절이 있었다. 안정되지 못한 신분으로 그 사회의 가장 허드렛일부터 했다. 온갖 차별도 감수하면서 설움을 겪어야 했다. 그렇게 수모를 겪었던 우리가 막상 우리를 찾아오는 이민자들은 어떻게 보고 있는가? 홍세화 작가는 "GDP 인종주의"라는 말을 썼다. 한국 사람들이 한국보다 GDP가 높은 나라에는 호의적이고, GDP가 낮은 나라에는 비하, 차별, 혐오 등의 감정을 갖는다는 것이다. 가슴 아프고 찔리는 말이다.

우리가 외국인, 다문화를 접하는 태도에는 이중성이 있는 것 같다. 한편으로는 우리나라가 산업인력도 부족하니 외국인에 대한 현실적 필요성을 느낀다. 인류는 함께 살아가야 한다는 기본적 인권의식도 마음 한구석에 자리 잡고 있다. 그러나 다른 한편으로는 저개발국가 이민자나 취업 연수생들에 대한 배타성, 인종적 차별의식 등이 있다는 것도 엄연한 현실이다.

스웨덴은 유럽국가 중에서 다문화주의를 공식적인 정책으로 채택한 최초의 국가이다. 1975년 의회에서 통과된 새로운 정책의 주요 원칙은 '평등, 협력, 선택의 자유'였다.[10] 스웨덴은 100년 전만 해도 전체인구의 1/3에 해당하는 사람들이 자기 나라에서 못살겠다고 미국을 중심으로 이민을 갔던 나라였다. 그런데 지금은 인구수 대비 이민자 수가 미국 다음으로 많은 나라가 되었다. 스웨덴은 이민자들을 기본적으로 자국민으로 대하는 원칙을 고수한다. 외국인 차별은 장애인 차별, 소수자 차별과 다를 게 없다는 인식을 갖고 있다.

그런데 유럽과 중동의 불안정성이 커지면서 난민들이 급증하고 있다. 2015년에는 16만여 명의 난민이 한꺼번에 스웨덴으로 유입된 적도 있다. 안정된 정착을 못한 이주민 복지예산이 늘어나는 것도 부담이다. 스웨덴의 고민이 깊어지고 있다. 사실 다문화는 스웨덴의 문제만은 아니다. 유럽 내 이민자 수가 증가하면서 유럽 각국은 다문화정책을 실천해왔다. 그런데 증가 속도가 빨라지고 이민자 사회통합에 어려움을 겪으면서 대책 마련에 부심하고 있다.

이주민에 대한 부정적 인식을 대변하는 정당도 생겨나고 있다. 극우정당인 스웨덴민주당이 생겼는데 지지율이 상승하고 있다. 방향은 맞는데 현실에서 국민들이 적극적으로 공감하고 지지해주지 않을 때 정치인들은 고민이 많다. 정치인들은 정당지지율과 선거로부터 자유롭지 않기 때문이다. 세계화 시대에 나만 잘살겠다, 우리 국가만 잘살겠다는 것이 점점 힘들어지고 비현실적으로 되어가고 있다. 예전에는 바로 옆 나라에서 전쟁이 일어나도 구경꾼의 태도로 관망할 수 있었으나 지금은 지구 반대편에서 일어나도 영향을 받는 시대이다. 전 세계적으로 시험대에 올랐다. 스웨덴도 다문화주의를 받아들이고 난민과 이민자들을 우호적으로 대해주는 기조는 그대로 유지한다 해도 약간씩 현실적 통제 방안도 고민하기 시작한 것 같다.

그럼에도 불구하고 스웨덴은 '연대와 통합'이라는 복지국가 건설 정신을 잊지 않고 있다. 국민을 가족같이 생각하고 공동체 정신을 강조하는 그들이기에 이주민과 난민을 단순히 귀찮고 해가 되는 사람들로 인식하지 않는다. 스웨덴 사람들이 인권만을 생각하는 것도 아니다. 이주민들이 그들의 부족한 경제활동인구를 메우고 있기에 국익에 도움이 된다는 현실적 판단도 하고 있다. 여러 현실적 어려움도 있지만 이들과 협력해서 살아가려는 스웨덴의 철학과 기본인식은 우리가 눈여겨보고 배워야 할 부분이다. 우리는 그나마 지리적 여건상 난민이 물밀 듯이 유입되는 그런 일은 없지 않은가?

우리에게도 이주민들과 조화롭게 공존하고 미래의 사회적 비용을 최소화하기 위해 합리적이고 효과적인 이민자정책이 필요하다. 우선은 이민자에 대한 시선에 있어서 시혜적 자선의 관점만이 아닌 시민으로서 마땅히 권리를 향유하는 사회권적 관점이 요구된다. 생존권적 권리와 시민으로서의 권리 말이다.

그러면서도 현실적인 국익을 고려한 정책과 조화되도록 해야 할 것이다. 저출산 고령화가 극심한 현실에서 이들과의 공생을 준비해야 한다. 이들에게 들어가는 노동비용은 낭비가 아니라 투자이고 생산적 요소이다. 현재 외국인들이 기여한 생산유발 효과를 10조 원 이상으로 추산하고 있다.

편견도 버려야 한다. 2014년 우리나라 범죄율 조사에 의하면 내국인이 3.7%인데 외국인은 1.6%였다. 외국인이 늘면서 범죄 숫자는 늘지만 범죄 비율이 느는 것은 아닌데 언론들이 선정적 보도를 일삼는다. 일자리도 내국인과의 관계를 충돌 관점이 아니라 보완적 관계 설정의 방향으로 모색해나가야 한다.

우리의 이민자정책은 국익을 고려하되 상생의 길을 찾는 방향이 되어야 한다. 외국인을 단순 노동력으로만 수입해서 활용하다 보내고 사회적 진입을 막는 차별적 배제는 우리의 길이 아니다. 자신들의 언어와 문화를 우리나라로 동화시키려는 방향도 우리의 길이 아니다. 우리가 가야 할 길은 이민자들의 언어, 문화, 사회적 특성을 인정해주고 이들의 다양한 문화를 새로운 문화의 창조력으로 활용해야 한다. 경제, 외교, 통상 분야의 새로운 발전 동력으로 활용해야 한다.

난민의 섬에 나타난 난민의 운명

우리나라 국민들은 그동안 배달 단일민족임을 자랑스럽게 여기며 살아왔다. 이러한 민족주의적 자긍심은 근세에 민주주의와 일제로부터의 독립, 이후에는 통일을 염원하는 중요한 동력으로써의 역할을 하기도 했다. 그러나 얼마 전부터 다문화민족이 한국에 정착하기 시작하면서 우리가 단일민족주의를 강조하는 것이 맞는 것인지, 가능한 것인지에 대한 의문이 들고 있다.

이러한 와중에 제주도에 찾아온 500여 명의 예멘 난민들은 한국 사회에 뜨거운 논쟁을 불러일으켰다. 제주도민들과 우리 국민들은 갑작스러운 불청객인 예멘인들로 당혹해했다. 여기저기서 그들을 무분별하게 받아들이면 범죄가 늘어날 것이고 내국인의 일자리를 위협할 것이라고 주장했다. 이번에 느슨하게 받아들이면 향후 난민들이 물밀 듯이 몰려들 것이라고 목청을 높였던 것이다. 과장된 부분도 있지만 그렇게 우려를 하는 시민들도 적지 않게 존재하는 것도 현실이다.

작금의 중동 아시아와 북아프리카 분란과 내전 사태는 미국, 유럽 국가들과 무관치 않다. 예전의 식민지 분할통치는 식민국 내에 종족 간 종교 간 분열을 야기하는 데 일조했다. 석유자원을 둘러싼 강대국들의 내정 개입 등은 오늘날 중동 내전의 원인이 되거나 끝이 보이지 않는 장기전 양상을 만드는 데 영향을 끼치고 있다. 예멘도 미국의 영향권에 있는 사우디, 중동연합 대 이란의 대리전 양상의 내전을 치르는 나라이다. 이번 제주도 난민들은 반군과 정부군 사이에서 죽음의 사선을 넘어 찾아온 징집 대상 남성들이다. 모든 국가는 중동의 내전이 멈춰지도록 공동의 책임감을 갖고 해결해나가야 할 의무가 있다.

또한 세계적 다문화 사회로의 진입은 각국이 취사선택할 수 있는 문제가 아니라 이미 현실이 되어버린 문제라는 것을 직시해야 한다. 한국인에 시집온 다문화 여성들은 피부색이 다른 자녀들이 그들의 고국인 한국에서 소외받지 않고 잘 적응해서 행복하게 살 수 있기를 희망하며 살아가고 있다.

한국에는 이미 20여 년 전부터 난민 신청이 시작되었는데 연평균 280여 명이던 것이 난민법이 시행된 2013년부터는 연평균 6천여 명, 올해는 1만8천여 명을 예상하고 있다. 이번 예멘 난민 문제는 한번에 밀려와서 그렇지 새삼스러운 일이 아니다. 난민 인정률은 세계 평균이 30%인 데 비해 우리나라는 4% 정도이다.

2013년 영종도에 난민수용센터가 들어섰다. 주변의 시민들은 반대 비상대책위를 꾸려서 "범죄 우범 지역이 될 것이다. 집값 떨어진다"며 연일 시위를 벌였다. 5년이 지난 현재 관련 법무관계자는

"치안 관련 민원은 거의 없었으며 집값 하락도 발생하지 않았다"고 말했다. 막연한 우려였던 셈이다. 안산 원곡동만 보아도 외국인 범죄율이 내국인 범죄율보다 높지 않다.

일자리 문제는 어떤가? 한마디로 얘기하면 내국인이 일자리를 빼앗기는 것이 아니라 내국인이 기피하는 일자리를 외국인이나 난민이 차지할 뿐이다. 소위 3D업종, 즉 어렵고 위험하고 더러운 일자리를 그들이 맡아서 하는 경우가 많다. 한국의 청년들은 자신의 학력이나 희망에 비해 나쁜 일자리인 이곳에 가지 않는다.

우리가 일자리 문제를 해결해야 하는 방향은 공무원이나 대기업과 같은 선호 일자리만큼은 아니어도 그와 큰 차이나지 않는 좋은 일자리를 많이 만드는 것이다. 중소기업과 대기업 간에 공정하고 평등한 관계를 만들 수 있도록 정부가 지원하고, 다양한 양질의 사회적 일자리를 만들어서 청년들이 가고 싶은 일자리로 만들어야 한다. 난민을 막는다고 해결되는 것이 아니다.

위와 같은 관점이 무조건 난민을 수용하자는 얘기는 아니다. 인류의 인권만 강조하려는 것도 아니다. 국민들의 우려 지점도 살펴보면서 팩트에 입각해 객관적으로 국민적 공론을 차분하게 만들어가야 한다. 다만 추상적으로 막연하게 또는 왜곡된 정보에 의한 선동 방식으로 풀어가서는 안 된다는 얘기다.

해방공간에서 생긴 1948년 4.3항쟁은 2~3만 명의 무고한 희생자를 낳은 우리 역사의 뼈아픈 과거이다. 당시 군정경찰 및 서북청년단 등의 반공 극우단체의 가혹한 탄압을 피하기 위해 이른바 '보트피플'로 현해탄을 건너 일본지역을 피난처로 떠나간 사람들이 많았다. 재일 한국인들 출신 구성에 제주도가 많은 이유이다. 이렇게 제주도는 집도 절도 없이 산으로 바다 밖 일본으로 쫓기며 4.3시대를 살아 내야만 했다. 섬 자체가 난민 신세가 되었던 것이다. 그런 제주도가 낯선 난민으로 인해 고민을 했다. 전국적인 이슈가 되었고 앞으로도 해결해나가야 한다.

　우리는 우선 세계가 하나로 연결되는 글로벌 시대에 '단일민족 정신'이라든가 '선진문물 우대사상'으로 민족 간 차별의식을 갖는 것을 버려야 한다. 그리고 그들이 경제적으로 기여하는 현실성도 보아야 한다. 더 근본적로는 연대와 통합정신을 나라 내에서만이 아니라 세계 속으로 확대 발전시켜나가는 모습이 요구된다.

11
기업이 존중받는 사회

존경받는 기업 발렌베리 이야기

2018년 4월 대한항공 부사장 조현아씨가 계열사인 칼호텔 네트워크의 사장으로 취임했다가 한 달 만에 그 자리를 내려놓는 사건이 있었다. 우리의 얼굴을 찌푸리게 하고 창피하게 만드는 일이었다. 조현아가 누군가. 땅콩(마카다미아)을 뜯어서 안 주고 봉지째 준다고 비행기를 거꾸로 돌린 이가 아닌가. 아직 집행유예 기간도 끝나지 않은 그녀가 회항사건 3년 만에 당당히 사장으로 복귀하려다 여론의 질타를 받고 다시 물러선 것이다. 회항사건 당시 반성한다고 고개 숙이며 했던 기자회견은 쇼에 불과했던 것이다. 어떻게 해서든 빨리 복귀하려고 시간만 엿보다가, 조급증에 일으킨 해프닝이다. 우리사회의 도덕불감증을 대표적으로 보여주었고 재벌들의 세습 폐해를 다시 한 번 떠올리게 했던 사건이었다.

우리나라의 대표기업 삼성은 다스의 실질적 소유자 이명박 전 대통령을 위해 BBK를 상대로 한 소송비 70억 원가량을 대납해주었다. 2009년 12월 징역형 집행유예를 받은 이건희 회장의 '원포인트' 특별사면이 그 대가였다고 보인다. 또한 삼성은 최순실 딸에 대한 승마비 78억 원, 최순실에 의해 기획된 스포츠영재센터 16억 원, 미르재단 125억 원, K스포츠재단 79억 원 등 도합 298억 원을 지원했다. 국민의 노후를 책임져야 할 국민연금은 기금 수천억 원을 손해 보며 삼성물산과 제일모직의 합병을 지원함으로써 이재용의 경영세습을 도왔다.

한 국가의 입장에서는 고용과 부를 창출하는 대기업이 이러한 불법과 갑질로 국민의 지탄을 받는 것은 매우 안타까운 일이다. 경제가 어려운 상황에서 국민과 대기업 사이에서 상호 지지와 격려가 있어도 시원찮은 판에 재벌이 국민들의 원성이나 받고 있으니 이 얼마나 답답한 노릇인가. 과연 우리나라 대기업은 국민들에게 존경받을 수 길은 없단 말인가?

이에 대비되는 재벌이 있다. 스웨덴에 있는 발렌베리 가문이다.

발렌베리 기업은 1856년 '앙드레 오스카 발렌베리'가 해군장교로 제대한 뒤 SEB은행을 창업하면서 시작되었다. 발렌베리 기업은 18개의 핵심기업과 투자를 통한 162개 기업을 거느리는 재벌로 성장했다. 스웨덴 주식시장에서 시가총액의 40%를 차지하고(삼성 21%) GDP의 30%(삼성 12%)를 점유하고 있다. 40만여 명의 종업원을 고용하고 있다. 종업원이 스웨덴 인구의 4.5%라니 모든 국민들이 각자 자기 친인척 중에 발렌베리와 연관되지 않는 경우가 없을 것 같다.

발렌베리는 그룹이 자칫 독단으로 흘러서 위험에 처하지 않도록 긴장감을 갖는 투톱체제를 유지한다. 한 축은 '인베스터'라는 지주회사가 관장하고 있다. 인베스터는 세계 최대의 통신회사 에릭슨, 일렉트로룩스(가전), 사브(항공방위산업), 아틀라스 콥코(광산장비), ABB(중전기) 등의 기업들을 관장하고 있다. 또 다른 한 축은 창업 때 만든 SEB은행이다. 이 두 축을 각기 다른 경영자가 맡는 것을 원칙으로 상호 견제와 감시를 하면서 그룹의 건강성을 지키려 한다. 인베스터는 야콥 발렌베리가 오너이고 SEB는 마쿠스 발렌베리가 오너인 시스템이다.

이렇게 엄청난 규모의 재벌기업이 국민들에게 사랑 받고 있다. 그렇지 못한 우리들 입장에서 보면 이해도 안 되고 호기심이 일어나지 않을 수 없다. 우리나라 재벌들과 도대체 뭐가 다르기에 그렇다는 말인가?

재벌은 복지국가 건설에 있어서 큰 재원을 담당해주어야 할 주요 원천이다. 그러기에 그들의 협력을 이끌어내야 한다. 또한 그 과정에서 국민들과의 교감이 있어야 한다. 한국의 현실은 아직 그런 바람직한 상을 잘 못 만들고 있기에 스웨덴의 사례는 나를 더욱 궁금하게 했다. 재벌의 어떤 모습이 국민들의 신뢰를 얻었는지 알아보자. 발렌베리가 엄청난 자본 집중을 하면서도 세계와 국민들한테 찬사를 받는 이유는 다음과 같다.

첫째, 발렌베리 가문은 개인의 소유를 극히 제한시킨다는 것이다. 기업이 연간 200조 원 이상(2014년)의 매출을 올리는 데 비해 그룹 오너의 개인 재산은 최대 200억 원 정도에 불과하다. 대부분의 지분을 개인이 아닌 그룹 산하 공익재단에 맡기고 경영은 발렌베리 가문 사람들이 책임지는 구조를 선택했다. 실제 인베스터와 SEB의 두 회장은 각 계열사에 대한 지분이 1%도 안 된다. 가문 산하에 11개의 재단이 있는데 여기로 모든 기업 이익을 귀속시킨다. 개인이 가져가지 않는다. 창업 2세대가 크누트와 앨리스 부부였는데 이들은 후손이 없었다고 한다. 그래서 자신들의 재산을 모두 자신들의 이름을 딴 공익재단에 기부했다. 이것이 가장 크고 발렌베리 가문의 중심이 되는 '크누트앤앨리스 발렌베리 재단'이다. 이 재단이 인베스터의 지분을 18.7% 소유하고 있고, 의결권 비중은 40.2%(차등의결권제)이다.[11]

둘째, 수익의 85%를 법인세로 환원한다. 85%라니 믿어지지 않는 비율이다. 1938년 극심한 노사분규 과정에서 대타협이 이루어졌다. 살트셰바덴 협약이다. 기업은 사회에 회사이익금의 85%를 법인세로 납부하고 그 대신 사회는 차등의결권(지분의 약 10배 의결권)으로 기업의 소유권(기업 지배권)을 보장해주는 내용이었다. 스웨덴

경영자연합SAF, 스웨덴노동조합LO 그리고 정부, 3자 간에 역사적인 '노·사·정 대타협'을 맺은 것이다.

우리나라에서 수익금의 85%를 법인세로 납부한다는 건 상상이 안 된다. 그것도 협정에 의한 자발성으로 말이다. 기업들은 이를 지키는 대신 적은 지분으로 안정적으로 경영할 수 있는 권리를 요구했고 이를 정부와 노동측이 인정해준 것이다. 이것이 발렌베리 재단이 인베스터에 대해 18.7%의 지분으로 40%의 의결권을 행사할 수 있는 이유이다. 당시 살트셰바덴 협정에서 개별기업이 자유로이 선택적으로 할 수 있게 해주었는데 스웨덴 상장기업의 55%가 이 제도를 따랐다고 한다. 즉 85%의 법인세를 내고 소유권을 강화하는 데 동의했다는 얘기다(일반 법인세는 현재 이보다 훨씬 낮은 20% 중반 대이다).

셋째, 가문 중 극히 일부인 소수의 실력자만이 최고경영에 참여한다. 경영자가 거쳐야 할 두 가지 필수코스가 있다. 창업자의 정신과 자세를 배우기 위해 해군사관학교를 나와 군복무를 이수해야 한다. 그리고 부모 도움 없이 대학을 마치고 유학을 다녀와야 한다. 이러한 과정과 실무경력을 쌓아 경영능력이 입증된 자만이 최고리더가 된다. 가문 내의 경쟁을 강화시켜 국민들에게 능력 있는 오너를 선보이는 것이다. 우리나라에서 가끔 볼 수 있는, 돈으로 적당히 학력 세탁 후 능력과 상관없이 무조건 자기 자식에게 경영권을 세습하는 그런 모습은 보이지 않는단 얘기다.

넷째, 연간 약 2조7천억 원이라는 엄청난 액수의 사회적 기부를 한다. R&D 지원, 대학교, 연구기관 지원, 도서관, 박물관 등의 기술투자와 문화사업에 쏟아붓는다. 실리콘밸리 다음으로 세계 2위 ICT 클러스터로 불리는 Kista Science Park도 스웨덴 정부가 아니라 발렌베리 그룹에서 조성했다. 4,771개의 기업이 6만7천 명을 고용하고 있다(2010년).

다섯째, 노동자를 경영의 동반자로 인정하여 + 노동자 대표에게 이사회의 중요 지위와 역할을 부여한다. 발렌베리가 지켜온 기업의 가치, 정신, 원칙을 보여주는 것으로써 그 어느 나라와도 그 어떤 재벌과도 차별되는 중요한 특징이다.

발렌베리 가문이 철칙으로 세우는 것이 "존재하지만 드러내지 않는다"이다. 그 한 예가 세계적으로 유명한 자체 계열사들의 이름에 발렌베리라는 이름이 들어간 게 하나도 없다. 실력으로 승부하지 소위 발렌베리라는 이름에 기대어 경영하지 않겠다는 의지가 보인다. 또한 그러한 원칙은 국민과 국가에 대한 겸허한 모습과 태도를 보여준다. 훈련된 극소수 외에는 함부로 경영에 나서지 않는다. 발렌베리 가문은 "기업이 생존하는 토대는 사회"라는 인식을 갖고 있다. 존경받는 이유이다.

대기업이 사랑받는 법

자식이 "엄마 아빠, 나는 대기업 회장이 되는 게 꿈이야!"라고 말한다면 독자들은 무어라고 답해주겠는가? 마냥 그 꿈을 북돋아주기도 그렇고, '꿈 깨'라고 사기를 꺾는 것도 찜찜하지 않을까? 현 시대에 '대기업 회장이나 재벌총수가 된다는 것'의 비현실성 앞에서 당혹해 할 것이다.

대표적 대기업인 삼성, 현대, SK 등은 하루아침에 혜성과 같이 나타난 것이 아니라 우리나라 현대사의 굴곡 과정에서 오랜 기간에 걸쳐 형성되었다. 정부와 떼어내서는 생각할 수 없을 만큼 깊게 결합되어 만들어졌다. 그렇기에 지금 시기 대기업 회장이 된다는 것이 개인의 뛰어난 역량이나 의지만으로는 불가능에 가까운 일이 된 것이다. 대기업에 취직하고 싶다는 꿈 정도가 그나마 현실적인 것이 되지 않을까?

1948년 정부 수립 후 취해진 일본인으로부터의 귀속재산 특혜적 불하, 미국 원조물자의 특권적 배정, 그리고 은행의 특혜적 융자는 재벌형성의 물적 기초로 작용했다. 1950년대 소위 3백 산업(제분, 제당, 면방공업)은 재벌들의 부를 축적하는 계기가 되었다.

60년대 이후 경공업, 중화학공업 육성정책 과정에서 또다시 정부의 특혜적 법률과 금융, 세제 등의 지원을 받는다. 이를 바탕으로 급속한 성장을 이루어 오늘날의 재벌이 형성된 것이다. 따라서 어찌 보면 우리나라 재벌은 사기업이라기보다는 공기업, 사회적 기업에 가깝다고 할 정도로 국가의 특혜를 받았다.

그렇다면 대기업의 국가와 국민에 대한 역할이나 자세는 어떠해야 할까? TV와 신문광고에서는 사회적 책무, 휴먼, 환경, 미래를 생각하고 노력하는 이미지를 강조하고 있다. 실제 그런가? 물론 재벌들의 우리나라 경제발전과 일자리 창출의 공로는 매우 크다. 그러나 온갖 특혜를 통해 시장에서 독점적 지위를 누리고 문어발식 확장을 해온 것에 비해 사회적 역할은 미미하기 짝이 없다. 사회적 책무를 다하지 못 하는 것에 그치지 않고, 정경유착과 갑질 논란, 불법적 경영세습, 세금포탈 등 비난받을 짓을 너무나 많이 해온 것이 사실이다. 그러니 국민들로부터 존경을 못 받고 있다.

기업의 사회적 역할에서 가장 중요한 것은 국민들의 행복을 높이는 데 명확한 기여를 해야 한다. 우선 고용을 많이 창출하는 중소기업과 공정하고 투명한 관계를 맺어야 한다. 골목상권은 서민들에게 맡겨야 한다. 벼룩의 간까지 빼먹는 것은 너무한 일 아닌가.

또한 국민의 사회보장성을 높이는 데 기여해야 한다. 스웨덴의 예를 보자. 스웨덴 기업들은 국민들의 사회보장 재원을 마련하는데 절대적인 역할을 해왔다. 연금이나 실업수당, 질병수당, 육아휴직수당 등의 사회적 보험제도의 재원은 노동자들의 급여소득 중 31.4%를 담당하는 기업이 마련해왔다. 개인은 자신 급료의 7%를 낸다. 법인세는 우리나라와 비슷한 22%를 내는 대신에 국민의 행복에 직결되는 복지비용의 많은 부분을 기업이 해결해주는 것이다. 발렌베리를 비롯한 상당수의 기업들은 샬트셰바덴[12] 협정 정신에 입각해 무려 85%의 법인세를 낸다.

 이에 대한 국민의 보답은 사랑과 존경이다. 이에 대한 국가의 보답은 노사문화 안정 조성, 각종 R&D와 기업경쟁력 강화 지원이다. 스웨덴은 이러한 사회복지에 대한 기여뿐만 아니라 발렌베리 가문에서 보이듯이 엄격한 개인 소유 제한, 사회적 기부 등으로 국민의 신뢰를 받고 있다.

 이와 같이 대기업들이 국민의 눈 밖에 나지 않고 지속적으로 사랑을 받아온 이유는 그만큼 국민행복을 위한 사회보장 등 사회적 책임을 충실히 해왔기 때문이다. 기업의 이익을 노동자들의 노동환경 개선과 사회적 안전조치에 아낌없이 투자하는 기업에게 국민과 국가는 신뢰를 보낸다.

 우리도 다른 나라를 마냥 부러워할 것만은 아니다. 이제는 우리나라 국민들의 '사회적 정의와 기업의 책무'에 대한 기대 수준이 높아졌기에 좋은 조건이 형성되고 있다. 대기업들은 최순실 사태 등 일련의 과정에서 보여준 실망스러운 모습에 대해 **뼈를 깎는** 반성과 각오를 해야 한다. 그런 과정을 통해 국민들로부터 진정으로 사랑받는 날이 하루빨리 오기를 기대한다.

1 이상이, 2010, 『역동적 복지국가의 논리와 전략』, 밈, 137쪽.
2 이상이, 2012, 『복지국가가 내게 좋은 19가지』, 메디치, 163쪽.
3 김민석, "김민석의 서인문도, 이상이 인터뷰", 충북일보, 2015.09.10.
4 이상이, 2012, 『복지국가가 내게 좋은 19가지』, 메디치, 212쪽.
5 이권능, "사회서비스 '공공 30% 확충 프로젝트'", 복지국가소사이어티 칼럼, 2016.03.29.
6 최연혁, 2012, 『우리가 만나야 할 미래』, 쌤앤파커스, 69쪽.
7 박선민, 2012, 『스웨덴을 가다』, 후마니타스, 241쪽.
8 박선민, 2012, 『스웨덴을 가다』, 후마니타스, 170쪽.
9 신필균, 2011, 『복지국가 스웨덴』, 후마니타스, 158, 163쪽.
10 나승위, 2018, 『스웨덴 일기』, 파피에, 98쪽.
11 오동희, "스웨덴 국민기업' 발렌베리는 어떤 그룹?", 머니투데이, 2012.06.07.
12 샬트셰바덴-1938년 스톡홀름 근교의 샬트셰바덴에서 LO(스웨덴 생산직노조 전국중앙조직)와 SAF(스웨덴사용자연합)사이에 체결된 협약이다. LO와 SAF로부터 각기 3인씩 대표들로 구성된 노동시장위원회를 구성하여 1936년 여름에서 1938년 겨울에 걸쳐 오랜 협상 끝에 노사 간 분쟁사항의 해결방식에 관한 주 협약을 체결하는 데 성공한다. 노사 중앙조직의 자율협상이 기본 형태이지만 정부의 적극적 개입을 통해 이루어진 결과이다. 노동자 측에서의 임금인상 자제와 사용자측에서의 완전고용과 복지개혁을 교환하는 방식으로 이루어졌다(네이버 지식백과 참조).

3. 복지국가 실현을 위해 무엇을 해야 할까?

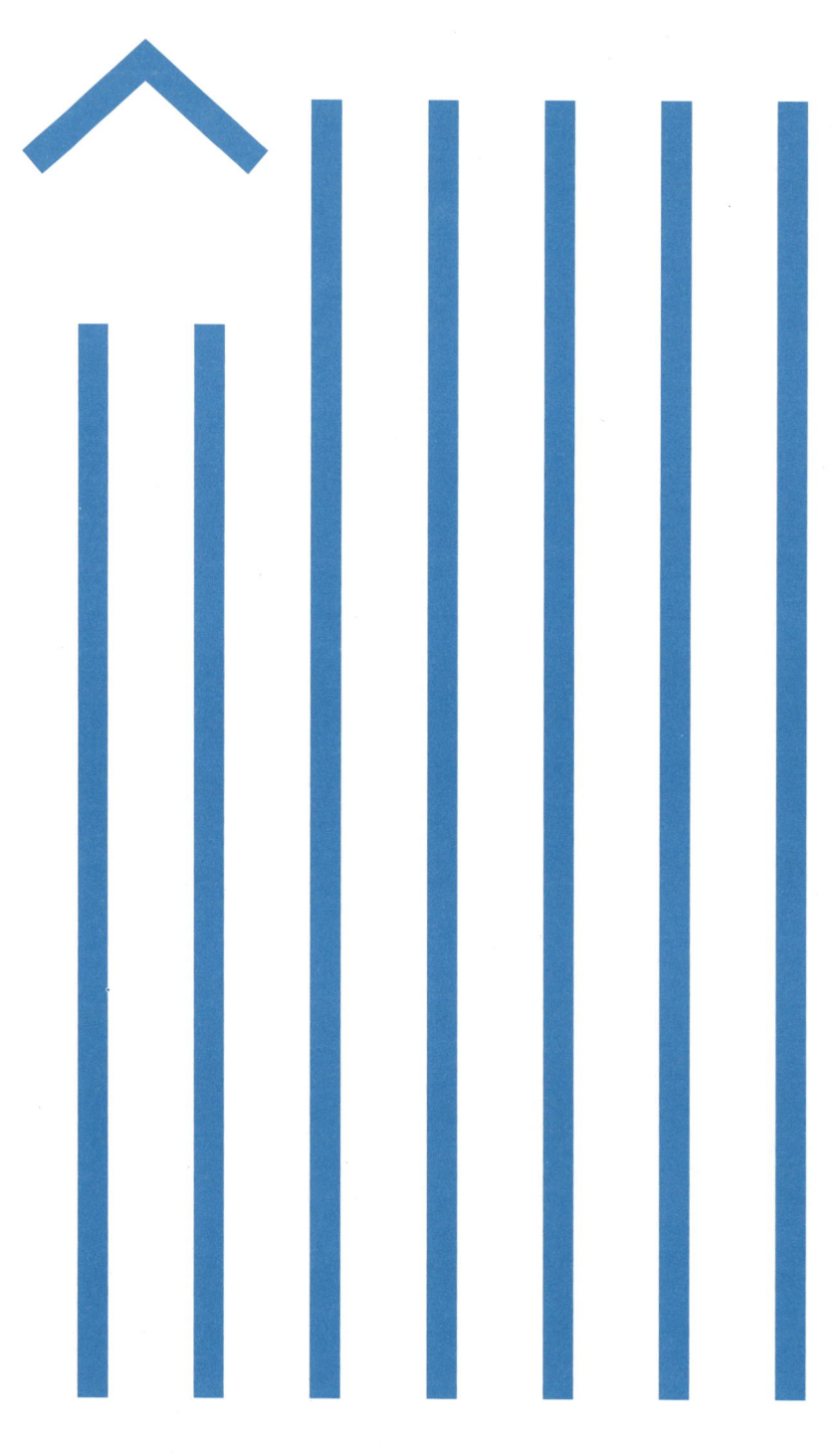

01
나의 세금, 그 이상의 복지

더 많은 복지와 세금

국민들의 안전하고 평안한 삶을 위해 복지정책을 펴려면 첫 번째 맞닥트려야 하는 관문이 재원 마련이다. 복지국가로 가려면 당연히 이 문제를 피하고 갈 수는 없다. 그래서 재원 마련에 대한 방법론과 증세에 대한 원칙을 어떻게 세우느냐가 복지국가 실현의 중요한 관건이 될 수 있다.

재원을 마련하려면 정치인들의 판단이 중요하다. 그런데 정치인들에게 세금증세 문제 논의와 결정은 가장 어려운 문제 중 하나이다. 특히 한 나라를 이끄는 위정자에게는 큰 고민거리가 아닐 수 없다. 사회안전망과 국민의 행복도를 높이기 위해서는 그리고 자신의 지지도를 높이려면 복지는 필수정책이다. 복지를 제대로 하려면 돈이 많이 든다. 그런데 복지 재정으로 인해 세금을 올리면 지지율이 떨어질지 모른다는 불안감을 떨쳐버리기가 쉽지 않다.

그래서 정치권이 쉽게 빠지는 유혹이 "복지예산은 늘린다. 그러나 세금은 올리지 않겠다"고 약속하는 것이다. 스스로도 모순인지 알면서도 궁여지책으로 그렇게 입장을 표명하는 하는 경우가 많다. 그러면 일단은 저항하는 집단은 안 생긴다. 그리고 시간을 번다. 그 다음은 "불필요한 예산을 절약하고, 세금체납자를 잘 추적해서 세입도 늘린다"고 공언한다. 그러나 제대로 하려면 천문학적 예산이 드는 복지예산을 그런 방식으로 만들어낸다는 것은 불가능에 가깝다. 결국은 공약이 부도나는 경우가 비일비재하다.

박근혜 정권은 아이들 누리과정 보육료를 국가에서 해결하겠다고 공약했다. 그런데 직접 국비로 해결하지 않고 지방교육청에 부담을 떠넘겼다. 교육청은 국가에서 공약해놓고 그 부담을 교육청에 전가하는 것을 받아들일 수 없었기에 항의했다. 그러는 바람에 많은 논란만 일으켰지 해결의 실마리는 못 찾으면서 어린이집 원장, 교사, 학부모 모두를 고통스럽게 했다. 그러한 약속은 실현되기 어렵다. 애초부터 지켜질 수 없는 공약이었다. 결국은 문재인 정부로 넘어와서 전액 국비부담으로 해결하였다. 큰 부담과 함께 예산을 떠안은 것이다.

문재인 정부는 노인연금 인상, 아동수당제, 의료정책과 사회적 일자리 창출 등 많은 사회복지 공약을 내놓았다. 그러나 그 많은 복지 공약을 증세 없이 '세수 자연증가분과 세출 절약'을 통해서만 해결하기에는 너무나 큰 재정이 든다. 증세 문제는 이제 문재인 정부와 더불어민주당의 문제가 되었다.

정치권은 서서히 증세 논의를 진행해가야 한다. 물론 이는 휘발유성 이슈고 잘못 건들면 지지율에도 영향을 줄 수 있다. 증세 논의를 순진하게 당위적으로만 제기하게 되면 여론의 역풍을 맞을 수도 있다. 그렇다고 이 문제를 계속 미루거나 비현실적 대안만 제시하게 되면 공약이 부도난다. 그리되면 국민의 지지도 받을 수 없고 국민의 행복과 안정도 담보해낼 수 없다. 복지국가에 대한 강력한 지지를 이끌어 증세를 현실화하는 고도의 전략이 요구된다.

문재인 정부는 예산의 현실적 필요성이 높아가면서 증세정책을 올려놓기는 했다. 새롭게 추진해야 할 복지정책을 위해 증세를 제한적으로 추진했다. 2017년 12월에 과표 3천억 원 이상 대기업에 법인세를 22%에서 25%로 올리고, 과표 5억 원 이상 고속득자에게 소득세를 40%에서 42%로 올리는 것으로 국회에서 정부안을 수정 통과시켰다. 정부안은 원래 과표 2천억 원 이상 기업에 25%를 부과하자는 안이었는데 3천억 원으로 의회에서 기준을 올린 것이다. 이 정도 증세도 용기가 필요한 일이었다. 정부안이 처음 발표되었을 때 자유한국당은 '핀셋 증세', '세금 폭탄' 운운하며 공세를 펼쳤기 때문이다. 문제는 실제 필요한 예산에 비해 세입효과가 미미하다는 것이다. 일반 시민들의 동요를 염려해서 대기업과 고소득자에 한해 증세를 한 것인데, 그 대상자가 너무 적다 보니 세수 또한 적다. 정치적 고민이 깊다 보니 실질적 재원 마련이 되지 않은 것이다. 증세가 그만큼 어렵다는 얘기도 된다. 보다 근본적인 고민이 요구된다.

내가 낸 그 이상의 혜택

복지와 증세의 딜레마를 해결하려면 무엇이 요구되는가?

첫 번째로 정권의 신뢰성을 국민에게 보여주어야 한다. 국민들에게는 국가의 세금지출에 대한 오랜 불신이 있다. 우선, 국가는 국민에게 '내가 낸 세금이 부패세력에 의해 중간에 세어나가지 않고 제대로 쓰이는지' 확신시킬 수 있어야 한다. 국가가 청렴하다는 신뢰가 우선되어야 한다. 박근혜 대통령 탄핵사태로 그 불신은 더욱 고조되었다. 문재인 정부는 진정성 있고 청렴한 정치로 그 신뢰부터 찾아와야 한다. 또 한 가지는 '내가 낸 세금이 적재적소에 제대로 쓰이는지'에 대한 신뢰를 보여줄 수 있어야 한다. 우리가 집에서 살림을 할 때도 '같은 돈으로 어떻게 쓰느냐'에 따라 가족의 만족도나 행복도가 달라진다. 나라살림도 마찬가지다. 예산집행의 우선순위를 어디에 두느냐에 따라 국민의 체감만족도는 달라질 것이다. 눈에 보이는 SOC에만 집행되든가, 과도한 군사예산, 기득권의 이해를 대변하는 예산에는 거부감이 클 것이다. 국민은 '나의 삶을 바꾸는 정책', '삶의 질을 높이는 정책'에 큰 관심을 갖는다.

두 번째로 '내가 낸 세금이 그 이상이 되어 나에게 돌아오는지'를 보여줘야 한다. 다시 말하면 '내가 낸 세금이 나에게 어떤 희망을 만들어내는지'에 대해 정부가 청사진을 보여주고, 국민이 눈으로 보고 느낄 수 있는 구체적 체험을 하게 해줌으로써 정부 정책을 신뢰할 수 있게 해줘야 한다.

스웨덴의 사례를 간단히 다시 살펴보자. 앞에서도 지적했듯이 스웨덴은 한마디로 얘기하면, 연봉 6천5백만 원 이상의 수입을 갖는 사람들은 51~56%의 세금을 내야 한다. 그러나 연봉 6천5백만 원 이하의 평범한 국민들은 약 30%의 소득세를 내는 것이 전부이다. 국민의 75%가량이 이에 해당한다.

스웨덴은 국가의 보편적 복지를 통해 다양한 혜택을 받는다. 전반적인 사회서비스와 수당, 연금 등을 합쳐 평균적으로 국가에서 혜택을 받는 것은 국민 전체 생활비의 약 51%이다. 즉 국가에서 마련해주는 사회임금으로 자신의 삶에 필요한 생활비의 절반 이상을 보장받는다. 소득세 30%가량을 부담하는 평범한 국민들의 입장에서 보면 본인이 내는 세금보다 20% 이상의 혜택이 돌아온다고 해석할 수 있다. 이와 같이 국민들이 생활 속에서 체감하고 만족하기에 부과되는 세금을 감당할 수 있는 것이다.

우리나라는 현재 사회임금이 13%에 불과하다. 온전히 나의 삶은 나 자신이 책임져야 하는 것이다. 국가가 내 삶에 들어와 지원해주는 것은 13%일 뿐이다. 그렇다면 국민들은 국가에 자기 급료의 13% 이상은 낼 수 없다고 판단한다. 당장 나 살기도 힘든데 내가 왜 그 이상을 내야 한단 말인가? 국가는 일반 서민과 중산층에게 "당신이 낸 세금은 당신을 위험으로부터 구해줄 것이고 납부한 액수 이상으로 혜택이 돌아갈 겁니다"라고 당당하게 애기할 정도로 청사진을 보여줘야 한다. 국가에 의한 보편적 복지로 각자가 회사로부터 받는 급료만이 아닌 국가로부터 받는 사회임금으로 중산층이 될 수 있다는 확신이 들도록 만들어줘야 한다.

정치권이 그렇게 두려워하는 국민들의 증세에 대한 실제 인식은 어떨까? 현재 국민들의 복지와 세금에 대한 인식을 엿볼 수 있는 여론조사 결과가 있다. 한겨레신문에서 '경제성장'과 '복지강화(소득분배)' 중 무엇을 우선시해야 하는가에 대한 조사를 했다. 동일 질문에 대해 2004년에는 68.9% : 29%, 2010년은 48.3% : 47.5%, 2017년에는 41.9% : 54% 의 대답을 보여주었다. 경제성장에 답하는 것이 큰 우세를 보였다가 복지강화 쪽이 우세를 보이는 것으로 역전되는 변화를 보여주었다. 성장을 위해 분배나 복지가 희생되어서는 안 된다는 의식변화이다.

2010년 5.14일 자 한겨레 조사에서는 "세금을 많이 내더라도 모든 국민에게 복지혜택이 돌아가는 것이 좋다"에 72.1%가 답했고, "세금을 낮추고 가난한 사람들만 돕는 것이 좋다"에는 22.7%가 답했다. 한마디로 '선별적 복지'보다 '보편적 복지'에 손들어준 것이다. 또한 2017년 "더 나은 복지를 위해 세금을 더 낼 뜻이 있느냐"는 질문에는 65.3%가 '그렇다'고 답했고 '그렇지 않다'가 31.5%였다. "국민은 증세를 무조건 반대한다"는 고정관념을 가질 필요가 없다는 조사결과이다.

2012년 국세청 조사에 의하면 우리나라에서 월소득 200만 원은 소득세 3천5백 원, 300만 원은 3만 원(1%), 500만 원은 26만 원(5.2%), 1,000만 원은 122만 원(12.2%), 5,000만 원은 1천6백만 원(33.1%) 정도를 부담하고 있다. OECD 평균 실효세율이 14.2%인데, 한국의 실효세율은 4.1%에 불과하다. 그나마 월소득 500만 원 이하에는 그리 큰 부담이 아니다. 다시 말하면 누진적 성격이 강하다. 우리나라 국민은 여러 세금 공제와 낮은 소득세 비율로 인해 월소득 500만 원 이하의 보통사람들이 부담하는 세금은 1~5%로 매우 낮다.

국민들은 깨달았다. 1960년대부터 이어져 온 "미래를 위해 일단은 허리띠를 졸라 매자"에 더 이상 동의하지 않는다. 그대로 가면 허리띠를 풀 기회는 오지 않는다고 생각하기 시작했다. 이제는 '나라의 성장'만이 아니라 '나의 삶의 안정'을 같이 생각해야 한다고 판단한다. 자신의 안정된 미래를 위해 지갑을 더 열 용의도 있다. 이제는 막연한 우려가 아닌 국민들의 내면의 요구를 정확히 읽는 게 필요하다.

'트럼프 감세'의 자충수

연일 화제를 몰고 다니는 미국 트럼프 대통령이 세금과 관련해서 깜짝 놀랄만한 조치를 취한 적이 있다. 대규모 감세정책이었다. 2017년 12월 20일 미국 상·하원은 연방 법인세 최고세율을 35%에서 21%로 낮춘다는 내용의 법안을 통과시켰다. 10년 동안 1조5천억 달러(약 1,630조 원)를 감세한다는 것인데 우리나라 1년 국내총생산과 맞먹는다고 한다. 세금을 대폭 줄이면 국가의 창고가 그만큼 비게 되고 그러면 지출도 줄이는 게 상식이다. 그런데 국민들을 의식한 공화당은 가급적 지출은 줄이지 않겠다고 한다. 예산 절약을 검토한다는 내용이 고작 서민 의료서비스정책의 최후 보루인 65세 이상 대상의 '메디케어'나 저소득층 대상 '메디케이드' 정도이다. 감세는 하고 지출을 가급적 줄이지 않으면 현재 15조 달러(국민 총생산의 96%)의 국가부채는 10년 후 25조 달러가 된다고 전문가들은 말한다.

왜 이렇게 대규모 재정적자가 예상되는 모험을 하려고 할까? 당연히 이유가 있다. 감세의 이론적 배경은 분수론의 '낙수효과'이다. 분수의 물이 흘러 넘쳐야 받아먹을 것도 생긴다는 논리다. 즉 감세정책으로 대기업에 혜택을 주어 분수를 만들자는 것이다. 대기업의 소득이 증대되면 투자와 고용으로 경기도 살고 자연스레 저소득층 소득도 증대된다는 것이다. 일견 그럴싸해 보인다. 또 다른 이유는 정치적인 것이다. 대기업 등 기득권층이 자신을 당선시킨 기반이기에 이들에게 혜택을 제대로 주어야 자신들의 권력이 안정되고 다음도 보장된다는 생각이다.

그렇다면 미국에서 감세정책이 처음도 아니기에 그동안 성공했는지 살펴보자. 1980년대 레이건도 감세정책을 폈다. 감세가 투자와 고용을 확대하고 경기를 활성화할 거라고 선전했다. 하지만 결과는 기업들이 초과이익금을 장롱에만 쌓아 놓았을 뿐 투자나 고용은 늘지 않았다. 오히려 재정적자는 복지 등 사회서비스를 축소하게 만들었다. 이는 국민들의 소비수요 능력을 저하시켜 경기를 불황으로 몰고 갔다. 부시는 감세를 지속시키면서 서민들의 소비력이 약화되니까 금융경기를 통해 돌파해보려 했다. 저금리정책과 주택구입 등을 위한 대출을 권장했다. 이는 이후 금융위기를 야기시킨 주범이 되었다. 결과적으로 감세정책은 일시적으로 대기업만 좋게 했을 뿐이지 실패의 연속이었다.

경제위기를 극복하기 위해서는 위기의 원인을 제대로 찾아야 한다. 엉뚱한 곳에서 원인을 찾으면 안 된다. 특히 위기진단이 특정 집단의 이해관계와 얽혀 이루어지면 심각성은 더욱 커진다. 트럼프 감세에 대해 '슈퍼부자와 대기업을 위한 잔치'라는 조롱이 난무하는 이유다.

경제위기는 기본적으로 소비수요의 퇴조에서 오는 것이지 대기업의 법인세 때문에 오는 것은 아니다. 감세는 소비수요를 늘리는 것이 아니라 오히려 소비수요를 약화시킨다. 감세는 양극화를 심화시키기 때문이다. 자본에는 이익금이 더 쌓여나가지만 국민들에게는 여러 복지혜택만 줄어든다. 즉 사회임금이 줄어드는 것이다. 양극화는 중산층을 소멸시킨다. 부자는 돈이 남아돌아도 이익이 남지 않으면 투자를 하지 않게 되고, 스스로 소비를 증대시키는 데에는 한계가 있다. 가난한 사람들은 소비할 여력이 별로 없다. 이러한 양극화는 경기를 다시 악화시킨다.

북유럽 국가들은 70년대 석유파동, 90년대 IMF위기, 2000년대 금융위기에도 굳건히 살아남았다. 미국, 일본, 영국, 그리스, 스페인 등이 심각한 위기를 겪는 과정에서도 북유럽은 안정적이었다. 그것은 복지체계가 안정화됨으로써 두터운 중산층을 유지하고 있기 때문이다. 스웨덴은 객관적 지표에 의한 중산층이 60%이고, 스스로에게 물어보았을 때 중산층이라고 답한 비율은 80%에 이른다. 소비수요력이 안정되어 있어서 외적 충격에 버틸 잠재력이 튼튼하다고 볼 수 있다.

기본적으로 간혹 정치권에서 감세카드를 내거는 것은 다분히 정치적인 경우가 많다. 감세가 가져올 파장에 대한 신중한 검토 없이 자신들의 지지기반을 강화하려는 목적에서다. 특히 보수당은 재정이나 세금 얘기만 나오면 무조건 법인세 감세를 들고 나온다. 기업 편을 들어서 환심을 사려고 한다. 소득세의 누진성이 강화되는 것도 반대한다. 부자에게 환심을 사려는 것이다. 진보 성향의 당은 전반적인 증세와 법인세, 누진세를 통해 복지혜택을 크게 개선하고 싶은

데 눈치를 보게 된다.

위에서 증세를 위해 국가가 사전에 해야 할 일이 무엇인지를 말했다. 치밀한 전략이 동반되면 증세는 가능하다. 보수언론이 항시 떠들듯이 트럼프 감세를 따라가야겠는가, 아니면 오히려 사회적 안전망 구축을 위한 증세를 준비해야겠는가? 소수만 살리는 감세와 중산층을 두텁게 하는 증세 사이에 합리적 선택이 요구된다. 국민들에게 세금 그 이상의 혜택을 준비하면 증세의 길은 열릴 것이다.

증세를 위한 기본 전략

복지국가는 저절로 오지 않는다. 복지국가는 공짜로 세워질 수 없다. 국민이 행복한 안전복지국가를 만들려면 국민들이 기꺼이 세금을 내야 한다. 증세에 대한 전 국민적 합의, 즉 사회적 계약이 요구된다.

우리나라의 GDP 대비 공공사회복지 지출의 비중은 2018년 현재 11.1%이다. OECD 평균인 20%의 절반 수준이다. 덴마크, 스웨덴, 독일 등의 선진 복지국가들의 25~30%에 비하면 1/3수준이다. 그런데 유럽 복지국가들이 '1인당 국민소득' 1만 달러에 도달한 시점인 1970년대에 공공사회복지 지출이 15%를 상회했다. 1인당 국민소득 3만 달러를 돌파한 한국은 지금 유럽 복지국가들이 40~50년 전에 실현했던 GDP 대비 공공사회복지 지출 수준에도 못 미치고 있다는 이야기이다. 복지 후진국은 일정 단계 이후에는 경제성장이 어렵다. 저성장의 덫에서 허우적거리게 된다(이상이, 2016, 『이상이의 복지국가 강의』, 밈, 460쪽).

국민소득 1~2만 달러 시기에 증세와 복지 수준을 높인 북유럽 국가들은 이후 세계적 경제위기 때에도 고성장을 구가했지만, 감세와 저복지로 일관한 국가들은 경제위기에 그대로 주저앉는 경우가 대부분이었다.

우리나라의 조세부담률은 2017년 현재 GDP의 20%이다. OECD 평균은 25%이다. 북유럽 복지국가는 평균 33%이다. 그 나라의 복지 수준을 가늠할 수 있는 것이 국민부담률(조세부담률 + 국민연금, 건강보험료 등 사회보장기금)이다. 우리나라의 국민부담률은 GDP의 25% 수준이다. OECD 평균이 34%이고 북유럽은 40~45%에 이른다. 한국의 두 배 수준이다. 결론적으로 한 나라의 공공사회복지 지출 비중은 세금부담률이나 국민부담률에 비례한다는 것을 알 수 있다. 따라서 세금과 사회보장기금을 높이지 않으면 복지국가는 요원하다.

우리나라의 소득자들은 절반 가까이가 세금을 거의 내지 않고 있다. 물론 이것을 비난하려고 하는 것이 아니다. 비정규직이 전체 경제활동인구의 절반이고 저임금에 시달리기 때문에 낼 세금도 별로 없다. 소득 상위 10%가 전체소득의 거의 절반을 차지하는 소득불평등 국가이기에 그렇다. 문제는 이런 상태로 계속 가면 앞으로도 양극화와 그로 인한 저임금의 구조를 벗어날 수 없다는 것이다. 변화가 필요하다. 복지국가를 실현해서 이러한 국민이 불행한 사회구조를 바꿔야 한다. 그러기 위해서는 세금을 내야 한다. 그래야만 대부분의 국민들에게 자신이 내는 세금 그 이상의 혜택과 행복을 가져올 수 있다.

우선 모든 국민이 소득세를 더 내야 한다. 이는 누진적 과세 형태가 되는 것이 바람직하다. 누진적 과세는 불평등을 개선하고 경제성장과 복지국가를 만들어낸다는 점에서 공평과세라 할 수 있다. 모든 국민이 소득에 걸맞게 세금을 더 내고 국가와 지방정부에 복지예산을 강화하라고 당당하게 요구해야 한다.

두 번째로 기업은 법인세를 늘리거나 사회보장세를 늘려야 한다. 우리나라 법인세가 다른 국가들에 비해 낮지는 않다. 그러나 북유럽은 법인세가 높지 않은 대신에 사회보험료 성격인 사회보장세를 우리나라보다 더 내고 있다. 피고용자 급료의 30% 수준을 부담한다. 우리나라는 10%에도 못 미친다. 따라서 대기업 중심으로 법인세를 늘리거나 아니면 사회보장세를 늘려야 한다. 저임금 구조하에 국민 소득세만으로 복지국가 재원을 마련할 수는 없는 것이 우리나라의 실정이다. 기업의 증세 부담은 경제위기 때에 어려움일 수 있다. 증세 주장에 대해 현실을 모르는 소리이고 기업 실정을 외면하는 것이라고 강변할 수도 있을 것이다. 그러나 북유럽에서 보듯이 이러한 세금은 기업에게 당장의 일시적 어려움보다도 중장기적으로 더 큰 이득을 가져온다. 국가의 복지체계를 강화하고 소득불평등을 개선함으로써 중산층을 두텁게 하고 경제수요를 늘린다. 경제상황의 변동에 따라 기업의 구조조정이 가능할 수 있는 사회안전망이 구축된다. 이로 인해 노사분규도 안정화되고 신성장산업을 촉진함으로써 나라 전체로 보면 기업경쟁력을 강화시킨다는 점을 잊지 말자.

국민들과 기업, 국가가 국민의 미래를 위험으로부터 보호하고 행복을 보장할 수 있는, 그리고 기업의 경쟁력도 강화할 수 있는 증세에 대한 '사회적 대합의'를 만들어나가기를 소망한다.

02
정치만이 복지국가를 가능케 한다

복지국가는 정치적 선택의 문제

현실 가능하면서도 우리사회의 불안정성과 사회적 위험으로부터 국민을 지켜내고 행복한 사회를 만들어낼 수 있는 것은 '복지국가'뿐이라고 이 책 전 과정을 통해 강조해왔다. 한 사람의 낙오자도 없고 미래가 안정된 사회를 만들 수 있는 길은 복지국가 건설밖에는 없다.

그런데 이러한 복지국가는 저절로 오지 않는다. 경제성장에 전념하면 자동적으로 복지국가로 발전하는 것은 아니다. 또 복지예산을 조금씩 늘려서 예산이 쌓이다 보면 저절로 오는 것도 아니다. 이는 복지국가에 대한 비전과 신념을 갖는 정치세력의 결단과 실천만이 가능하게 할 수 있다.

복지국가를 이루는 것은 궁극적으로 정치 문제다. 국민과 정치 세력들의 선택과 결단이 요구된다. 용기 있는 선택과 실천을 하는 국민에게만 '행복한 나라'라는 하늘의 선물이 주어진다. 우리는 선택을 해야 한다. 똑같은 자원으로도 국가운용방식에 따라 나라의 운명은 달라진다. 신자유주의의 길을 걸은 미국, 영국의 길과 복지국가의 길을 간 북유럽의 오늘의 결과는 다르다. 정치, 경제적 안정과 국민의 행복도의 극명한 차이를 가져왔다. 저복지의 길을 간 포르투갈, 스페인, 그리스 등 남부 유럽의 파탄도 시사하는 바가 크다. 복지국가를 이룰 수 있는가의 여부는 궁극적으로 정치 문제인 것이다.

신자유주의자와 보수주의자들은 모든 것을 시장경제에 맡기면 된다고 한다. 정치는 최소한의 역할만 하면 세상은 잘 돌아간다고 말한다. 그러나 그 얘기는 기득권 구조로 짜여 있는 세상을 잘 관리해서 기득권 세력만 보호하겠다는 소리 외에는 아무것도 아니다.

복지국가는 추상적 이념으로만 존재하는 것이 아니다. 북유럽 국가들에 의해 실험되고 성공적 안정을 이룬 지구상에 현실로 존재하는 제도이다. 복지국가만이 실업, 질병, 노후불안, 장애, 재난, 전쟁 등의 사회적 위험으로부터 국민을 보호해줄 수 있다. 국가가 나서서 삶의 전 과정에서 정치, 경제, 사회 전 영역에 걸쳐서 촘촘히 설계해야만 가능하다. 일개 복지정책으로서가 아닌 총체적 제도와 시스템을 통해서다. 국가가 목적의식적으로 나라를 새롭게 디자인해야 가능한 일이다.

그렇다면 어디서부터 시작해야 할 것인가? 누구로부터 시작해야 할 것인가? 어떻게 실천해야 할 것인가? 그동안의 과정에서 생각하고 고민한 내용을 공유해보고자 한다.

우리의 롤모델인 스웨덴이 복지국가를 이룰 수 있었던 과정과 특징을 다시 한 번 되새겨보자. 스웨덴이 성공적 체제를 갖추는 데에는 크게 3가지가 있었다. 지도자와 이념과 세력이 있었다. 스웨덴에는 '한손'이라는 걸출한 지도자가 있었다. 정당의 수장이면서 국민들에게 비전을 제시하고 이를 실천할 수 있는 능력 있는 지도자였다. 한손은 "국가는 모든 국민의 집"이 라는 이념과 비전을 제시해서 스웨덴 국민을 결집시켰다. 이 이념은 국가의 방향과 모든 정책에 일관되게 관철될 수 있었다. 또한 사민당이라는 당과 노조, 농민조직의 세력화가 가능했다. 이 세력을 중심으로 국민들의 지지와 단합을 이끌 수 있었다. 이와 같이 3가지 요소를 갖출 수 있었던 것이 복지국가 건설의 원동력이었다고 생각한다.

한국의 현 상황은 어떤가? 한국에도 복지국가를 정치적 방향으로 설정하고 실천하는 정당과 정치인들이 서서히 형성되고 있다. 그러나 아직 복지국가를 전면에 내걸고 이를 현실적 힘으로 만들어내는 데는 한계를 보이고 있다. 진보당으로서의 정의당은 복지국가를 강령에도 담고 현실로 만들기 위한 실천을 하고 있다. 그렇지만 이를 대중적 영향력으로 광범위하게 형성할 힘을 갖추지는 못했다. 자신들의 여러 정치적 목표 중에 복지국가가 어느 정도의 비중을 갖고 있는지도 좀 더 보아야 한다.

문재인 대통령은 얼마 전 국회 예산안 시정연설에서 포용국가론을 주창했다. "국가가 국민의 삶을 전 생애에 걸쳐 책임지고, 기업이 사회적 책임을 다하며, 개인이 일 속에서 행복을 찾을 때 우리는 함께 잘살 수 있습니다. 그러기 위해 우리는 우리사회의 모습을 바꿔야 합니다. 사회안전망과 복지 안에서 국민이 안심할 수 있는 나라가 되어야 합니다. 공정한 기회와 정의로운 결과가 보장되는 나라가 되어야 합니다. 국민 단 한 명도 차별받지 않는 나라가 되어야 합니다. 그것이 함께 잘 사는 포용국가입니다. 우리가 가야 할 길이며, 우리 정부에게 주어진 시대적 사명입니다."

이는 보편적 복지를 기본으로 사회안전망을 강화하려는 한국형 복지국가의 방향을 제시했다고 볼 수 있다. 복지국가의 핵심적 개념들이 들어가 있다. 단지 이를 어느 정도의 의지를 갖고 구체적으로 실천할 수 있는 조건을 갖추느냐가 관건이다. 정책실현 과정에서 당면한 경제상황 타개 및 보수야당과 기득권 세력들의 저항을 극복해 나가는 것도 과제다.

현실적으로 가장 큰 문제는 복지국가에 대한 광범위한 국민들의 지지세가 형성되어 있지 못한 현실이다. 이는 증세추진이나 보편적 복지정책의 전면적인 시행에 중요한 전제가 되는 것이기 때문에 중요하다. 다시 말하면 문 대통령이 제창한 '포용적 복지'의 성공 여부는 본인의 강력한 의지와 함께 이를 뒷받침할 세력들의 조직화와 지지 정도에 달렸다고 보아야 할 것이다.

복지국가의 이론적 정립은 어느 정도 틀이 잡혀가고 있다. 여러 선도적 시민사회단체와 교수들에 의해 2000년대에 들어서 서서히 논의되다가 2010년 무상급식 이슈 전후에 더욱 생산적 논의가 활발히 이루어졌다. 대중적으로도 2010년 이후에 여러 시민사회단체와 깨어있는 국민들 사이에 많이 확산되었다. 다양한 논의를 모아서 좀 더 체계와 통일성을 갖추고 대중들에게 쉽게 전달될 수 있는 내용이 만들어지기를 기대해본다.

복지국가 실현 전략

이러한 상태에서 복지국가를 실현시키기 위한 전략은 어떻게 마련되어야 할까?

첫 번째는 복지국가를 건설할 강력하고 광범위한 정치세력화가 요구된다.

이를 위해서는 정당이 중요하다. 여러 이해관계의 집단이나 계층을 대변하고 다양한 정치적 활동으로 쌓이는 정치적 자산을 지속적으로 축적할 수 있는 세력은 정당밖에 없다. 그런 의미에서 자유한국당을 제외한 4개 정당은 복지국가를 매개로 한 연대가 필요하다. 더불어민주당과 정의당, 민주평화당 사이에는 보다 강고한 연대가 요구된다. 정의당은 복지국가에 대한 내적 합의나 통일성이 강해 보인다. 민주당과 평화당도 내적 동의는 별 어려움이 없어 보이지만 의원 및 당원들의 이해도와 통일성에 있어서는 더 많은 노력과 실천과정이 필요하다고 생각한다. 바른미래당과는 상대적으로 느슨한 연대가 필요하다고 본다. 내부의 다양한 성향이나 정체성으로 보았을 때 사안별로 연대의 노력을 해나가야 하리라 본다.

그렇다고 자유한국당은 배제하란 얘기는 아니다. 이번에 아동수당 대상을 100% 모두에게 적용하는 보편적 복지를 자유한국당이 받아들였다. 이는 시대의 흐름, 즉 '국민들의 평안을 위한 사회안전망 확대'라는 도도한 시대의 물결을 그들도 무조건 외면할 수 없는 지경에 이른 것이다. 이를 계기로 자유한국당을 선의의 경쟁무대로 끌어들이는 노력을 해야 한다.

현실적 힘을 갖고 있는 민주당은 특히 내부에 복지국가의 비전을 공유할 수 있는 블록을 형성하는 게 필요하다고 본다. 더불어민주당은 강령에 '복지국가의 완성'을 위해 노력해 나갈 것을 천명했다. 기본정책도 그 취지에 맞게 나아가려 한다. 그러나 통일된 인식과 전략적 목표를 세우는 데에는 아직 많이 미흡하다. 복지국가를 보다 목적의식적으로 실천하려면 철저한 비전과 실천의지가 중요하다. 그러기 위해서는 이를 열정을 갖고 설파할 핵심 블록이 필요하다. 이를 통해 당내 통일성을 만들고 전략적 방향을 세우는 데 주도적 힘을 발휘해야 한다. 그럴 때 민주당 전체가 보다 힘 있게 움직여 나갈 수 있을 것이다.

　제반 민주개혁 정당들이 확고한 복지국가 정치철학을 갖고 실천하게 하려면 정당 밖의 강력한 복지국가운동을 펼칠 수 있는 시민사회단체와 국민세력들이 있어야 한다. 이들이 보다 논리와 열정을 갖고 복지국가건설 시민운동을 펼칠 때, 전 국민의 지지와 정치권의 협력과 연대를 이끌어 올 수 있을 것이다.

　한국은 예전의 스웨덴처럼 노조조직률이 높거나 조직력이 강하지는 않다. 이제는 시대가 흘러 직업과 계층이 다양해졌다. 중산층을 포함한 다양한 계층, 단체, 집단을 묶어서 복지국가라는 단일한 목표로 모이게 해야 한다.

　둘째, 먼저 국민들에게 복지국가정책의 정치적 세례를 받게 하면 좋겠다.

　국민이 복지국가를 갈망할 수 있는 계기가 되도록 보편적 복지의 체험을 하게 해줘야 한다. 당장 증세를 먼저 하기가 어려운 상황에서 우선적으로 국민이 부분적 복지체험을 통해 국가에 대한 신뢰를 갖게 해야 한다. 그래야 증세도 가능하고 지속적인 복지국가 실천이 이루어질 수 있다.

　셋째, 광범위한 복지국가국민운동을 전개할 필요가 있다.

　이를 위해서는 뜻을 같이하는 시민사회세력 간의 연대가 먼저 이루어져야 한다. 이를 토대로 단계별 활동 방향과 이슈를 만들어 국민들에게 다가가야 한다. 다른 한편으로 정당들에게 협력과 압박을 병행해야 한다. 현재 이루어지고 있는 '건강보험 하나로' 캠페인처럼 다양한 시도가 필요하리라 본다.

'스웨덴과 우리는 나라의 규모가 다르다', '북유럽과 우리는 재정 규모가 다르다', '복지와 성장은 배치된다' 등의 많은 반대의 목소리가 있는 것도 사실이다. 그러나 이러한 의식은 앞에서 살펴보았듯이 많은 편견과 사실의 왜곡에 의해 형성된 경우가 대부분이다. 여기에 기득권을 옹호하려는 의도를 갖는 극우 보수정치세력이 결합해서 앵무새처럼 끊임없이 반복해서 이야기하고 확산시키려 한다.

그럼에도 불구하고 다수 국민의 행복을 꿈꾸는 세력들은 이러한 고정관념과 편견을 극복하고 당당하게 복지국가의 길로 가야 한다. 세계의 역사 속에 흐르는 보편성을 발견하고 우리의 특수성에 맞는 창의적 방안을 찾으려는 노력을 해야 한다.

우리는 적폐청산과 새로운 나라를 염원했던 촛불혁명 이후의 시대를 살고 있다. 그러므로 지금은 이전에는 볼 수 없었던 새로운 정책의 도입이 가능한 시기이다. 정부와 여야 정치권이 저출산 극복을 위한 복지정책의 중요성을 공감한 특수한 시기이기도 하다. 더불어민주당과 진보진영도 '복지정책의 강화'라는 방향성만이 아니라 구체적인 내용을 정책적으로 채워내기 위해 보다 적극적인 노력을 해야 한다. 국민행복의 한국형 복지국가를 위한 중장기적 방향 설정, 현실적 재원 마련 계획을 향해 모든 힘을 모아야 할 때이다.

복지국가를 위한 여야 정치권의 정책경쟁이 항상적으로 이루어지는 복지국가정치 시대를 기대해본다.

위기에 강한
경제성장의 비밀, 복지국가

초판 1쇄 펴낸 날 2019년 5월 20일

지은이 고영인

편집 Zoey

교정교열 나무목

디자인 구수연

펴낸이 김지숙

펴낸곳 도서출판 밈

출판등록 제300-2006-180호

전화 064-747-5154

팩스 0303-3130-6554

주소 제주시 오등9길 38, 1층 101호

이메일 editor@mimbook.co.kr

ISBN 978-89-94115-24-5 03340

인쇄 대덕문화사

이 도서의 국립중앙도서관 출판예정도서목록(CIP)은 서지정보유통지원시스템 홈페이지 (http://seoji.nl.go.kr)와 국가자료종합목록시스템(http://www.nl.go.kr/kolisnet)에서 이용하실 수 있습니다. (CIP제어번호 : CIP2019016719)

이 책의 콘텐츠 및 이미지의 전부 또는 일부를 사용하시려면 도서출판 밈에 문의하세요.
잘못 만들어진 책은 구입한 곳에서 바꾸어 드립니다.